人生好難

現代公民九個麻煩的哲學問題

朱家安 主編
沃草烙哲學
作者群——著

目次

前言　公民必備的思考和溝通力

朱家安

「身為多元民主社會的公民，我們需要足夠的能力和心態，去建立自己的觀點、說明自己的想法，並且理解不同意見。」我每個月都會在好幾場跟哲學、思辨或批判思考有關的演講講出類似這樣的話。這段話被我重述的頻率之高，不僅僅是因為對我來說它很重要，也是因為對我來說它的實現很困難，需要很多努力。

建立自己的觀點、說明自己的想法，並且理解不同意見。這些事情有多難，我非常清楚，因為我的工作需要我嘗試做這些事情，而我常常做不好。我藉由公共議題討論進行哲學教育，我的觀點時常有瑕疵，需要修正；我建立的說明今天過於瑣碎，明天又過於抽象，很難拿捏分寸；當我面對來自不同意見的批評，我無法克制自己感到沮喪或憤怒，也很難不讓自己受到這些情緒影響，讓溝通成效再往下掉落一層樓。

思考和溝通都很難，但若我們要跟其他人類共同生活並決定社會的未來，這些事情又非做不可。這就是為什麼沃草烙哲學的作者們和我共同規劃了這本書。

有別於常見的批判思考書，《人生好難：現代公民九個麻煩的哲學問題》並不是系統性抽象思考訓練，而是綁定議題的實戰訓練。我們挑選了台灣公民十年來有所關注，並且在可見的未來也需要繼續討論的九個議題，讓關注議題的作者說明他們對議題的觀點和想法，並且回應可能的不同意見。在每個議題底下，我們的作者多半有明確的立場，但你不需要剛好跟他們立場一致，才能閱讀這本書並得到啟發。

例如，有些作者主張我們應該為言論負責；有些作者提出理由說明人類有義務保護環境；有些作者認為，女性在網路上抱怨自己受到的性騷擾並批評行為者，是推動性別平等的重要做法。你可能不見得完全接受這些立場，但若你對這些議題有所關懷，就不該錯過他們提供的論證：若你同意這些論證，它們將成為你建立看法的磚瓦；若你反對這些論證，它們將成為你站穩腳跟的標靶。不管你秉持怎樣的立場，我們都希望這些文章能協助你發展自己的意見，為了達成這個效果，我們做了不少「額外設計」。

■理解文章，也理解文章如何寫成

例如，我們在文章裡安排了各種補充說明 box，它們提供了不適合列入內文，但也十分重要的說明。有些 box 提供了解議題所需的背景資訊，例如劉維人〈政府真的可以管制言論嗎？〉當中的

「民主程序 vs 民主文化」（見左上 box）：

有些 box 介紹當前段落使用的思考方式，例如葉多涵〈人類應該保存多元文化嗎？〉當中的「普世性和極端案例」（見左下 box）：

民主程序 vs 民主文化

民主不只是投票跟發言而已。無論是直接民主還是代議政治，言論跟選票都必須能夠表達出民眾的意志。如果民眾根本不知道自己在選擇什麼、不思考就投票，或者有人操弄了整個資訊環境呈現片面資訊、有人利用心理偏誤操弄人民的思考過程，那麼即使該國的政治程序完全民主，言論完全自由，執政完全沒有賄賂舞弊，實際的政治權力依然不在人民手上。

普世性和極端案例

在討論該不該做某件事、該不該遵循某個道德標準時，必須思考潛在的答案能否適用於社會上的每個人、所有情境；有沒有不合理的例外情況。如果某條規則不能適用所有人，通常表示目前的論述有問題。將提出的論點推到極致，找尋極端案例，通常能夠幫助我們找到不合理的地方。

有些box則是指出延伸思考的可能方向，例如陳紫吟〈#MeToo運動是小題大作嗎？我們該如何看待「自警行為」？〉當中的「誰該負起責任去改變社會？」（見下方box）：

藉由這些box，我們希望讓你不僅僅了解文章寫了什麼，也了解文章是如何寫成：作者撰寫時在想些什麼？依照哪些原則進行推論？同時發想了哪些方向？當你掌握這些，不但更了解作者的想法，也得到了能幫助建立自己觀點的工具和靈感。

■開放心胸的練習

如同前段所說，我們的作者多半各有立場，例如蔡雅婷認為同性戀在當前台灣社會依然受到歧視；周詠盛認為「塑造中華文化認同」不是必修文言文的好理由；

誰該負起責任去改變社會？

關於「刻板印象」的鞏固或破除，另一個可以思考的方向是：誰才應該（或是更應該）為此負起責任。也就是說，即使我們假設「採取自警行為的受害女性會強化女性比較脆弱的刻板印象」為真，也不代表這可以成為我們反對自警行為的好理由，因為破除刻板印象的責任不應該是（或者，不應該只是）特定人的責任。

朱宥勳則主張，所有文學作品都含有政治成分。不過，這本書的最主要目標，並不是說服你完全相信他們的說法。相對地，我們希望你在理解了他們推廣的論點後，以自己的角度評估，並得到你自己的結論。

因此我們在書中附上各種提問，鼓勵讀者自主思考，甚至質疑書中觀點。例如在〈不能「文學歸文學，政治歸政治」就好嗎？〉裡，朱宥勳會提醒你想想：

【提問】

在這一節裡，我暗示〈出師表〉、〈諫逐客書〉和〈陳情表〉是跟政治有關的文學作品，你同意我的這個判斷嗎？為什麼？

而在〈異性戀是天生的嗎？我們該如何看待性傾向？〉裡，蔡雅婷也鼓勵你重新想想這個她心裡其實已經有明確答案的問題：

【提問】

如果「性傾向是可選擇的」，就代表「性傾向是可治療的」嗎？為什麼？

當一個人有立場，他依然可以維持開放。這並不是說他無條件地容忍和接受所有意見，而是說他願意聆聽不同看法、維持公平的心態去評估這些看法，並且在必要的時候修正自己過往的想法。要成為這樣的人，描述起來很容易，但做起來很困難，我和作者們也都在努力當中，並且希望我們在這本書裡分享的觀點，能在你前進的路上成為有用的材料。

I

為什麼事情要搞得這麼複雜？

第一題

如果我有言論自由，還需要為言論負責嗎？

——劉維人

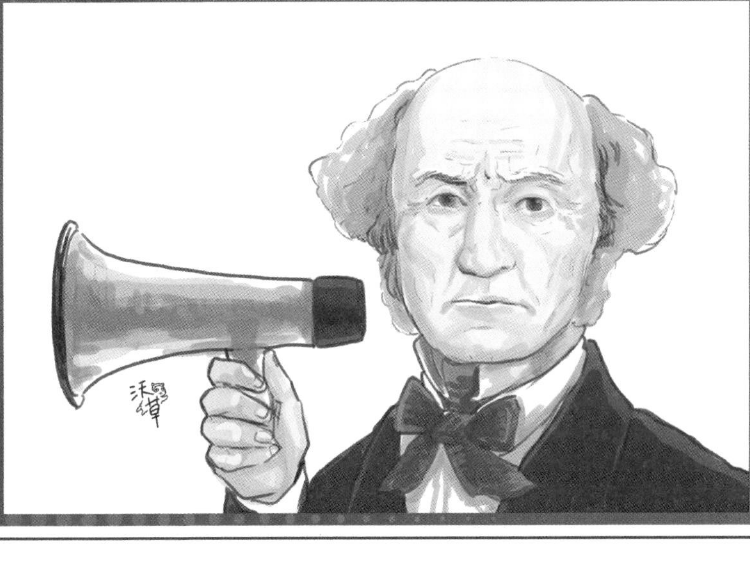

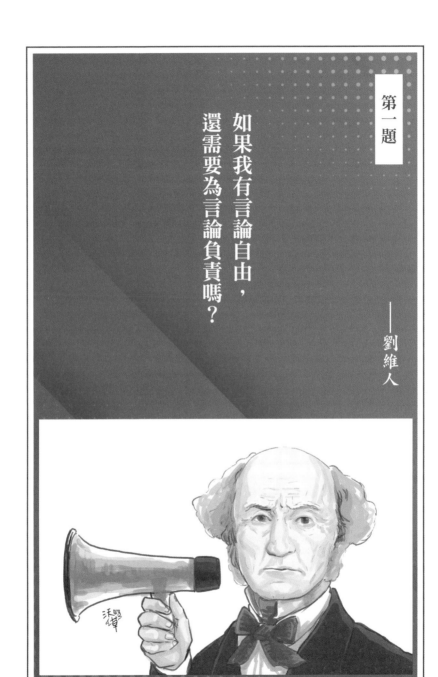

言論自由有邊界嗎？自由民主的國家都非常重視言論自由，保障每個人都能對各種主題自由發表自己的看法，台灣目前也不例外。但言論自由真的保障「所有」言論嗎？言論自由表示我們無論在**什麼場合**對**誰**說**什麼內容**都不會被處罰嗎？有沒有哪些言論其實根本就不受言論自由保障？如果有的話，邊界該畫在哪裡，又是根據什麼原則判定的呢？

在自由民主國家，下面這幾種言論，在言論自由方面時常出現爭議：

①會造成傷害的假訊息，例如會嚴重誤導保健方法的書籍。

②仇恨言論，例如主張社會上某些族群天生低人一等、同性戀是一種罪，甚至像納粹主義那樣聲稱社會應該消滅「有害族群」等等。

③妨礙自由民主存續的言論，例如支持極權國家以武力吞併我國。

這些言論會引起爭議的原因並不相同，思考這些議題，都會讓我們去思考：為什麼要保障言論自由？應該用什麼方式保障？如果有些言論不該自由發布，那該怎麼辦？

■為什麼要保障言論自由？

在自由民主（Liberal democracy）國家，即使你發表的言論內容錯誤（「1＋1＝5」）、非主流（「北部粽和南部粽都很遜，粽子應該只包香菜」），甚至引人反感（「絕大多數的人都不應該有投票權」），政府與社會通常也不能處罰你。自由民主國家之所以要保障各種言論自由傳播，理由通常包括：

①人會犯錯

絕大多數的真理，人類都無法獨力直接獲得（即使你是信徒也不例外。神說的是真理，但人有可能誤解神的意思），只能不斷從試錯和彼此討論之中得來或逼近。然而，歷史不斷告訴我們，即使是整個社會相信已久的東西，也有可能不是事實。在文藝復興時期之前，人們相信宇宙繞著地球轉，許多社會在進入現代之前都認為女性天生就應該服從；某些社會到現在還相信黑人和原住民天生就是比較笨或是比較懶。如果我們不讓小眾、討人厭的言論自由傳播，就無法指出錯誤，修正認知。

②真理不能淪為教條

你知道民主為什麼通常比專制好嗎？你知道為什麼「最大的質數」不存在嗎？你知道為什麼窮人不需要完全為自己的窘境「負責」嗎？我們仰賴各種信念過活，但未必想過每一條信念為什麼是對的。如果我們不讓人們質疑各種信念，即使某些信念真的是對的，我們也會搞不清楚它對在哪裡。這會使真理成為教條，使人們更為盲從，更難好好做自己，社會也會更難進步。

③人民需要有自主性

自由民主國家認為政府是人民的僕人，僕人無權幫主人決定要相信什麼、要過怎樣的生活。即使某些生活方式會讓自己和他人都過得更差，即使某些行為天理不容，所以你希望人們不要去做，方法也應該是讓人民自己了解理由之後自己決定不去做，而不是因為服從政府的規劃。

④資訊很重要

如果言論無法自由傳播，我們根本無法知道哪些做法或產品是自己想要的。如果某些價值被社會剔除，我們會更難了解自己是誰。

⑤防止政府濫權

行政、法律、經濟，政府的權力和資源已經很多了，若還能管制言論，執政者很容易就能消滅反對勢力、隱匿自己的醜聞、讓自己喜歡的人贏得選舉。

【提問】

❶奇怪，為什麼這些理由都是為了要守護別的價值？難道言論自由只是工具嗎？有沒有可能它本身就有價值？

❷你還想到其他理由，值得我們守護言論自由嗎？

❸要守護這些價值，光靠言論自由就夠了嗎？各自還需要哪些其他條件？

❹當言論可以自由傳播，有沒有可能在某些情況下反而傷害上述價值？

■彌爾和他的傷害原則

不過就算我們同意以上理由，應該也不會認為可以在人潮擁擠的地方為了好玩而高喊「失火了」，也不會認為可以在 COVID-19 疫情危急的時候散播疫苗的假新聞。絕大多數人都認為這種事情不但是錯的，還需要用法律來禁止。

為什麼呢？最常見也最合理的理由，就是這些言論很可能立即造成傷害。

說到言論自由，人們最常引述的哲學著作就是彌爾（John Mill）的《論自由》（*On Liberty*）。彌爾認為言論自由是讓每個人自己決定人生的核心條件，也是讓真理越辯越明的核心條件。他甚至認為我們不應該管制假訊息，而是要用更多討論更多釋疑來讓人們了解真相。但有趣的是，如今我們討論該不該管制某些言論，甚至討論該不該管制其他行為的時候最常提到的原則，也正源自《論自由》。這項原則稱為「傷害原則」（the harm principle）：

唯一能夠正當地違反人民意願，限制人民自由的理由，就是防止人民傷害他人。

彌爾認為人們沒有傷害他人的自由，所以如果某項行為確定會傷害他人，我們就有理由限制。

例如在人潮擁擠的地方為了好玩而高喊「失火了」，很可能會讓人們彼此推擠受傷，甚至踩死人。這種時候我們可以確定人們的受傷是謊報失火引起的，這種謊報**在當下造成了明確威脅**。

> **【提問】**
> ❶讓別人受傷，或者讓別人不舒服，在道德上是錯的嗎？你能想到哪些理由支持它是錯的，又能想到哪些理由說它有時候未必是錯的？
> ❷一個允許人們彼此傷害的社會，跟一個不允許彼此傷害的社會，各自會長成怎樣？

■言論如何「造成」傷害？真理何時越辯越明？

讀到這裡或許有人會想問：有一些言論確實會造成傷害啊！如果人們沒有傷害他人的自由，為什麼不能禁止假新聞、仇恨言論、錯誤的醫療保健資訊？

事實上，大部分自由民主國家的確會以法律處罰某些言論，例如誹謗、煽動暴力、侵犯隱私、造成公共危難，以及食品與藥品的不實標示或廣告。理由就是這些言論會傷害他人。但這些法律也經常引起爭議，爭議之處就在於「我們究竟要如何判定某項傷害是不是言論**引起**的」。

在人潮洶湧的地方高喊「失火了」，從言論到傷害之間的時間很短，我們很容易判斷兩者之間有沒有因果關係；但假訊息、誹謗、不實標示等等言論和傷害之間的時間往往很長，你需要依循錯誤的資訊保養身體好幾年甚至幾十年，肝腎才會出問題，過程中實在有太多可

因果推論的困境

如果事件 A 之後立刻發生事件 B，我們很容易判斷 A 有沒有影響 B；但如果事件 A 發生很久之後才發生 B，或者事件 A 發生的同時也發生了其他跟 A 很像的事件 A1、A2、A3……要判斷 A 有沒有影響 B 就會變困難。這在現實中會造成許多道德跟法律問題：如果一個化學物質的傷害要等幾十年才浮現，或者某件壞事必須要幾十個人一起做才會造成傷害，就未必能說傷害是該物質或該行為「造成」的；最多只能說，如果該物質或該行為沒有出現，傷害就「沒那麼可能」發生。麻煩的是，有些人做壞事的時候，會用上述的理由來脫罪。

結構性問題

如果我們知道傷害是誰造成的，就可以訂立各種預防措施跟補償機制。但如果因果關係很難判斷，甚至是「整個社會造成的」、「某個結構造成的」，這個方法就未必適用。人類文明很複雜，如果想要調整結構來預防某項傷害、實現某些正義，通常都會在其他方面付出代價，甚至可能傷害到其他方面的正義。社會、政治、經濟、環保等問題，通常都是在不完美的選項中做選擇。

能的變化，我們很難「證明」錯誤資訊傷害了肝腎。

過去的彌爾和當代許多反對言論管制的人就是以此為由，認為絕大多數時候不應該去管制內容錯誤或不道德的言論。他們認為在從人們相信錯誤資訊到長期遵循之間，會經歷很多過程。在這段時間中我們可以去指出錯誤的地方，並宣揚正確的版本。人們一旦開始討論，社會上一旦有更多不同的聲音，真理就會逐漸越辯越明，未來的傷害自然也就不會發生。

但當代越來越多人不接受這種觀點。照一些醫護人員的說法，醫院裡每天都有一大堆年紀較大的患者一直遵循錯誤的保健方法，怎麼講都講不聽，而且往往錯過關鍵診斷時間，就醫時已經藥石罔效。在前線推動政治、經濟、教育的專家也認為，假訊息防不勝防，錯誤說法或謠言一旦出現，在幾分鐘至幾小時內就傳得到處都是；而且人們一旦相信就很容易先入為主，之後無論看到多少鐵證如山的澄清都不願意改變看法，信者恆信，不信者恆不信。

支持管制言論的人會認為，某些言論確實造成了傷害，需要管制甚至禁止。若你不願意管制和禁止，辯稱言論和後果之間的因果關係「難以證明」，那你只是在推卸責任，甚至譴責受害者，認為那些人太不小心，才會相信假的言論。

但反對言論管制的人會認為，因為這些理由就去管制言論，只會讓社會變得服從權威。如果某項言論真的可能造成傷害，我們該做的並不是祭出禁令讓少數的專家幫整個社會篩選言論；而是花更多資源闢謠、發明更有效率的說法讓人們注意到言論的危險、改善討論環境讓人們更能了解哪些說法比較真實或比較善良。

【提問】

❶在看這篇文章之前，你比較偏向言論完全不能管制，還是在某些情況下可以管制？主要的理由是什麼？你認為與你立場相反的那一方，提出了哪個理由最有說服力？你要如何回應？

❷你有沒有原本相信某件事情，後來發現自己是錯的？你是怎麼發現的？你曾經成功糾正別

人，最後讓人改變行為嗎？你是在什麼情況下用什麼方法做到的？

■在不同的環境下，「為言論負責」的標準相同嗎？

上述兩種立場的不同，似乎取決於這兩個問題：

①真理能越辯越明嗎？

②當你相信有害言論，甚至根據有害言論而改變行為，誰應為此負責？

以下就讓我們看看這兩個爭點。

如果真理越辯越明，表示：

①參與討論的人能夠同時觸及好幾種不同的說法，或者有其他機制使他們能夠在看到說法的時候自己做出合理判斷。

②人們有能力、有意願、有條件去判斷哪些說法比較有道理。

③討論的環境，會讓越有道理或越真實的說法，擁有越大的說服力，以及越高的擴散能力。

如果某個人[1]應該為言論「造成」的傷害負責，表示：

①他知道那則言論會造成怎樣的傷害。

②他明明有能力、有條件去避免那項傷害，卻選擇了不去避免。

這樣的分析讓我們注意到，到底該不該用管制言論的方式來防止某些言論造成的傷害，其實和很多現實中的心理、社會、經濟、政治機制有關，可以用各種實證科學的研究來協助判斷。這些機制至少包括：

・言論如何散播
・人們如何相信事物

「應該」蘊含「能夠」

絕大部分的哲學家都認為，道德義務不可能超過行為者的能力範圍。如果你有義務去做某件事，你就至少有辦法完成那件事。反過來說也一樣，如果你無法控制某件事情的走向，你就不會有義務把那件事導向任何特定方向。

・人們如何回應不同意見
・言論如何促發人們做出行動
・情緒、時間、利益、壓力、心理偏誤等等因素，如何影響上述四種機制
・討論平台是否偏頗
・討論環境是否多元
・從發布言論到傷害發生的時間有多長
・社會上是否有足夠的「救火機制」能及時防止傷害
・有沒有強大的外力去改變上述的任何一項平衡

這些要件在每個時代都不一樣，而網際網路與社群媒體的出現，更是讓我們的言論與資訊環境進入了一個過去從沒出現過的狀況。如今每一個人都可以在網路上發表意見、都能轉貼別人的文章或影片。而且言論發布之後就會一直留在網路上，幾個月甚至一、二十年之後都搜尋得到，即使刪文也有可能被別人截圖下來留存。而社群網站業者為了要讓我們盡量留在線上，多看到幾則廣告，都會盡量讓我們看到與我們類似的人所發表的意見，盡量不要看到與我們的生活方式相差很遠的人所發表的意見。

而這些現象，加上**注意力稀缺**這個環境條件，大幅改變了當代的資訊環境與討論環境。

■資訊爆炸，注意力稀缺

在網際網路出現之前，公共資訊非常稀少。當時的報紙、雜誌、書籍都賣得非常好；但文章要上報或者要出一本書，都比現在困難非常多。很多你爺爺奶奶那輩的人，甚至會把刊出的投稿或出版的書拿來昭告親朋好友一同慶祝。當時的電視和廣播更是稀缺資源，如果有幸被電視採訪報導，幾乎就等於在全國觀眾面前露臉，一句「我上電視了」真的可以讓人呼朋引伴來看。

現在我們的生活環境則完全不是這樣。即使列入網路轉載的版本，我們每天大概也看不到一小時的電視；目前有許多傳統報紙的電子版以及電子報，但幾乎沒有人每天都固定閱讀相同幾份報紙。反倒是我們整天拿著手機或平板，看社群媒體的最新動態，回家之後只要醒著也幾乎都在上網，跟其他人互動。二〇二〇年全球平均每人每天花六．七小時上網（台灣的平均為八．〇小時），在社群媒體上則花費二．五小時（台灣的平均為二．〇小時）。[2]

而且網際網路的資訊環境與過去極為不同，每天閃過我們眼前的網路影片、文章、說法多如繁星，我們卻只點開了其中一小部分來看，而且幾乎不會留一整段時間思考其中的資訊。

簡單來說，在彌爾那些傳統自由主義者的時代，是大量的閱聽眾去吸收或反思少量而集中的資訊。在網際網路出現之後卻是相反，是極為大量的資訊彼此競爭，搶奪閱聽眾有限的注意力。[3]

這種注意力稀缺的環境，讓闢謠和討論陷入一種困境：闢謠解說與認真討論的資訊必須寫得比較完整，比較需要花心力閱讀。謠言和誤解的說法則通常把事情說得過度簡單，第一時間更容易被人接受。前者的消費門檻比較高，後者比較低，競爭注意力時本來就是後者比較有優勢。

此外，我們的理性並不完美。我們不喜歡聽到反對意見，如果我們先相信了某種版本的說法，之後就更容易忽略那些立場相反的意見。

最後，社群媒體和許多科技服務靠廣告收費來營運，它們希望我們盡可能看到自己當下想看的東西，

有限理性

古代有很多經濟學、倫理學、政治學理論，都預設社會的溝通只要越來越自由、每個人擁有的資訊只要越來越多，每個人就越能夠做出對自己有利的判斷。但科學陸續發現事實未必如此。我們有各種心理偏誤，經常無法做出理性判斷；而且查資料跟溝通都有成本，某些時候獲得所有資料之後才做決定，反而不划算。這類科學發現有時候會動搖到整個學科賴以存在的基礎。

會把相同關鍵字、立場相近、受眾類似的資訊推播過來，藉此讓我們看到更多廣告。而它們透過我們的點選、分享、留言等等資料，能夠相當準確地預測我們喜歡哪些東西。

但我們喜歡看到的資訊，未必能夠讓我們更了解真相，也未必能夠讓我們做出更道德的決定。所謂「忠言逆耳」，很多時候我們需要去看一些讓我們很不舒服的資訊；但這些監控資本主義（Surveillance Capitalism）的科技巨頭卻讓我們更難看到。

上述這些機制，以及當代接二連三發現的各種不勝枚舉的認知偏誤，讓我們很難真正認真地討論一件事情的真相是怎樣，或者哪種方法在道德上比較正當。而是通常都跟立場相近的人交流內容相近的資訊，形成了網路的「同溫層」。

因此在這個時代，假新聞在世界各地都變成嚴重的問題。《科學》（*Science*）期刊的研究就發現，假新聞被轉發的機率比真實訊息高出七成，傳播速度快上六倍。[4] 許多國家甚至以言論作為軍事武器發動混合戰（Hybrid Warfare），操縱輿論、影響群眾心理、造成社會分裂。[5]

當然，即使是當代，只要時間夠久，真理通常依然越辯越明。但當代的資訊環境，卻讓我們經常無法在傷害發生之前就辯明真理，及時阻止傷害。在很多時候，我們甚至必須在相信了錯誤或不道德的東西並因此受傷之後，才能真正開始辯明真理。

【提問】

❶回想一下，你最近看到了哪些社會、政治、道德爭議、偽科學問題？這些問題各自是從哪裡看到的？

❷你當下最有印象的是哪一個問題，你大概花了多少時間去思考這個問題？

❸你對這個問題的看法是怎樣？你的理由有哪些？這些理由是從哪邊來的？

❹你有沒有在根本還沒搞清楚理由的情況下，在某個議題中選邊站過？當時你所持的「理由」是什麼呢？

■結語

我們在這篇簡述了自由民主國家為什麼需要保護言論自由，以及為什麼即使捍衛言論自由的人，也不認為應該去保護那些會立即造成明確傷害的言論。最後也用簡單的分析來解釋，「為言論造成的傷害負責」為什麼會跟資訊環境有關。

在資訊爆炸時代，每個人都比一、兩百年前，甚至比幾十年前的人更難有時間和精力去檢驗每則言論、每條資訊；而且社群網路的演算法會讓我們陷入同溫層，比古人更難看到意見相反的資訊。

因此，當我們發表的言論會讓人受傷，或者會讓人做出對自己不利的行為時，我們很可能比過去的人更難要求受眾自己比較各種不同的說法。也就是說，我們很可能比過去的人更需要為受眾所受的傷害負責。

人類的資訊環境在這一百多年來改變很大，許多過去影響幅度很小的機制，如今都因為網際網路、大眾媒體、自動化演算法等機制的出現，而獲得數十倍甚至數千倍以上的力量。在第五題〈政府真的可以管制言論嗎？〉，我們會專門列出幾項言論自由在當代環境面臨的最大威脅，以及可能的解決方法。

1 值得注意的是，這「某個人」不但包括發表言論的人，也包括相信了言論而傷害到自己，或者去傷害別人的個人，以及相信該言論為假或者不道德，所以可能會去反駁的人（例如各種專家），和有能力干預言論的決策者。

2 見〈Digital Report 2020 全球報告出爐！Facebook 還在主導地位嗎？〉，AD-Linkage。網址：https://www.ad-linkage.com/blog/digital-report-2020/。

3 高希均，〈「注意力經濟」的興起〉，遠見，二〇〇二年二月一日。網址：https://www.gvm.com.tw/article/7342。

4 見《破解假訊息的數位素養・別讓認知缺陷變成假訊息的溫床》，台灣事實查核中心，二〇一九年七月二十四日。網址：https://tfc-taiwan.org.tw/articles/687。

5 見〈中國資訊戰「炒熱度是招數之一」？ 沈伯洋：假新聞目的，是要你去打它！〉，放言，二〇一九年四月二十三日。網址：https://www.fountmedia.io/article/9946。

第二題

不能「文學歸文學，政治歸政治」就好嗎？

——朱宥勳

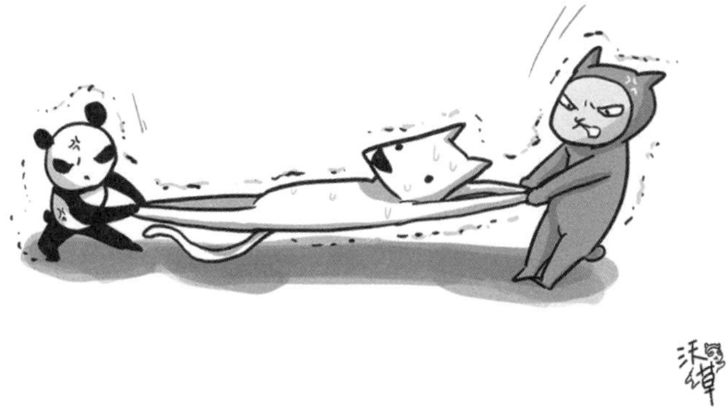

關於「文學歸文學，政治歸政治」這個主題，我有個切身的經驗。二〇一六年，以華航空服員為主體的「桃園市空服員職業工會」為爭取合理的待遇，開始罷工抗議。這場罷工的參與者們提出了一份宣言，叫做〈這是一場休息時間的戰爭：桃園市空服員職業工會罷工宣言〉。我當時讀了大為觸動，無論是論述、說服，還是情思、文筆，這都是一篇難得的好文章。

於是，我在一個國文老師的線上社團內發文討論：「如果是國文課要教這篇文章，我們應當怎麼教？」

立刻就有老師回應了：「罷工是政治問題，罷工的宣言就不應該是文學作品吧？這應該是公民科的任務才對。」

「真的嗎？」我反問：「如果與政治有關的文章就不是文學作品，那為什麼我們的課本裡會有〈出師表〉、〈諫逐客書〉和〈陳情表〉？」

後來這場小小的討論，當然就在有點尷尬的情況下不

「特例」就是問題所在

在文章開頭的小故事裡，我們透過〈這是一場休息時間的戰爭〉，發現了部分國文老師的盲點：他們其實並不是反對有政治性的文學作品，而是反對「某一種政治性」，如果是中國古代文人的政治，他們就覺得沒關係了。這是一種常用的思辨手法，透過人們對「特例」的反應，來發現他們真正的思考盲點。

歡而散了。我承認我的論述方式有點壞心，而且我在發起討論之前，多少就料到會有這樣的發展。當談到「政治」與「文學」的關係時，人們往往不會發現，自己過往的認知框架其實充滿了矛盾。而這也是為什麼「文學歸文學，政治歸政治」這個命題，可以讓各種不同立場的人們爭執上百年而無法休止的原因，因為這個命題其實不是在說「文學歸文學，政治歸政治」，而是「談文學就好，不要談政治」。但是，「文學」與「政治」的關係其實比想像中複雜。

【提問】

在這一節裡，我暗示〈出師表〉、〈諫逐客書〉和〈陳情表〉是跟政治有關的文學作品，你同意我的這個判斷嗎？為什麼？

■兩種包含：「文學」與「政治」的關係

在討論「文學歸文學，政治歸政治」這個命題有沒有道理之前，我們要先來處理一個問題：

這世界上，是否存在一種「完全沒有政治成分」的文學作品？

假設每本文學書都要跟可口可樂一樣，在書背列出自己的「成分」的話，每本書都會列上「政治」嗎？答案聽起來顯然而見：當然不會啊！怎麼可能會有這麼絕對的事情！我們很容易就能想到「不太政治」的文學作品，比如描寫青春愛情故事的小說（像是九把刀的《那些年，我們一起追的女孩》）、悼念父母去世的散文（比如劉梓潔的〈父後七日〉）和晦澀的現代詩（比如洛夫的〈石室之死亡〉），這些作品都沒有描寫任何政治主題，應該可以說是「完全沒有政治成分」的作品了吧？

然而，這個問題其實有陷阱。因為，文學作品「包含」政治成分的方式至少有兩種，上述的回答只考慮了其中一種。這兩種「包含」的方法，分別是：

A 作者有意識地描寫了政治主題，因此某篇作品包含政治成分。

B 作者並沒有打算描寫政治主題，但讀者可以從作品裡分析出政治思想或政治行為。

就A標準來說，《那些年，我們一起追的女孩》、〈父後七日〉和〈石室之死亡〉這些作品，確實都可以說是「沒有政治」。然而，如果你用B標準來看，則幾乎可以說是「所有文學作品都有政治」，上述作品也不能例外。

真的嗎？《那些年，我們一起追的女孩》不就是一個高中男生，用各種白爛方式追女生的故事嗎？是的，但請你思考一下，為什麼是「男生追女生」，而不是「女生追男生」呢？為什麼永遠都是男生要展現自己的深情與勇敢，甚至不惜為了女生打架受傷，即使故事中的女生並沒有這樣要求？這種「追求文化」，正是一種「性別政治」。〈父後七日〉不是一篇女兒描寫父親去世之後，自己哀悼的心情之散文嗎？哪裡政治了？你仔細看一下，就會發現這篇文章不斷描寫「喪葬儀式」跟「家屬心情」之間的格格不入，最真摯的哀悼都不是發生在那些師公叫你跪叫你哭的時刻，反而是在獨處的瞬間。這種「社會制度跟個人情感之

政治無所不在

此處我們使用「政治」一詞的方式，與你在日常生活中或傳播媒體裡看到的可能不太一樣。一般人所說的「政治」，往往侷限在選舉、政府、政策等範圍。但在學術討論裡，任何「可能影響群體生活的觀念、制度和行為」，都是政治。而「可能影響群體生活的觀念」，是最容易被忽略的，比如說上文提到的「追求文化」或「必須以某種方式哀悼親人」。

間的扞格」，正是文學裡經典的政治主題。

那，洛夫的〈石室之死亡〉就沒什麼好政治的了吧？這首詩只是用很多晦澀的意象，去寫死亡、壓抑和瘋狂的感覺而已，比如這樣的句子：

> 祇偶然昂首向鄰居的甬道，我便怔住
> 在清晨，那人以裸體去背叛死
> 任一條黑色支流咆哮橫過他的脈管
> 我便怔住，我以目光掃過那座石壁
> 上面即鑿成兩道血槽

這樣還能政治嗎？還真的可以。根據洛夫創作這首詩的年代，我們可以知道它描寫的很可能是外島的軍旅生涯。因此，瀰漫全詩的死亡、壓抑和瘋狂，其實正是在描寫戰地前線，高壓軍事管制下的氛圍——夠政治了吧？

看到這裡，你可能會很不滿意：B標準看到的都是讀者自己的分析啊，如果作者堅持他／她就是沒有寫政治，我們還堅持他／她的作品有政治，這不是很奇怪的事情嗎？有沒有可能只是我們自己想太多？

當然有可能，所以文學研究裡有一門叫做「詮釋學」的學問，來檢證讀者提出來的詮釋，確保我們沒有想太多。這門學問很複雜，不可能在這篇文章裡面說完，但至少有一個重要的原則，那就是「我們要提出某某解讀時，必須在作品內找到明確的證據」。比如我前面提到〈父後七日〉描寫了「社會制度跟個人情感之間的扞格」，那我就必須去舉證有哪些段落會支持我的說法。（如果你有興趣的話，我推薦你檢視「父親的好友來抽菸」的那段。）

更進一步說，有些文學研究甚至特別看重「作者沒有寫政治的想法，卻還是寫出了某種政治觀點」的作品。如果作者是在有意識的情況下，去描寫某種政治觀點，這樣的內容固然有其價值，但我們其實無法確定這裡的政治觀點是不是作者的真心

作者意圖 vs 讀者反應

文學作品是一個雙向溝通的平台。「作者想表達什麼」跟「讀者實際上感覺到什麼」，兩者之間未必全然相等。前者我們稱之為「作者意圖」，後者我們稱之為「讀者反應」，在不同的文學研究流派裡，對這兩者的看重程度並不完全相同。但可以確定的是，大多數文學研究者都同意，「作者意圖」並不是神聖崇高、不可挑戰的，文章該如何詮釋並不是作者說了算。有時候，「讀者反應」甚至會比「作者意圖」讓我們學到更多東西。

話——搞不好他／她是知道讀者喜歡或討厭某種說法，才故意這樣說的啊！然而，如果作者沒有刻意要寫某種政治觀點，這種政治觀點卻還是出現在他／她筆下，這就代表他／她受這種觀點的影響很深，深到他／她覺得這很理所當然，無意識也會流洩出來。比如前面講過《那些年，我們一起追的女孩》，作者很可能沒有任何「我想討論性別政治」的企圖，但正是因為他毫無企圖，所以他保留了最純粹的「異性戀男性作家所相信的性別政治」。

現在，我們可以回到這一節開頭所提到的問題了：「這世界上，是否存在一種『完全沒有政治成分』的文學作品？」

答案是「沒有」，任何文學作品都有政治成分。如果它是「A作者有意識地描寫了政治主題」，因此某篇作品包含政治成分」，那當然是有；如果它是「B作者並沒有打算描寫政治主題，但讀者可以從作品裡分析出政治思想或政治行為」，也如前面的討論，是含有政治成分的。

【提問】

前文提到，某些文學研究者特別看重作者無意識流露的觀點。你認為，在解讀文學作品時，作者有意識想表達的意念、跟無意識流露的觀點，哪一個比較重要？為什麼？

■讀文學，可以不讀政治嗎：「形式」與「內容」之辯

好，我們確認了所有文學作品都一定含有政治成分。但是，含有政治成分，我們就一定要去解讀文學裡的政治成分嗎？

文學裡會有各式各樣的成分，但我們不一定要去解讀啊！比如白居易的〈與元微之書〉提到：「江州風候稍涼，地少瘴癘，乃至蛇虺蚊蚋，雖有甚稀。湓魚頗肥，江酒極美……」這裡面有昆蟲成分和魚類成分，我們也不見得會用生物學的角度去解讀〈與元微之書〉啊！為什麼大家特別喜歡談文學作品裡的政治？

首先，用生物學（以及其他科學）的角度去解讀文學作品是很棒的，有不少厲害的研究就是在做這件事情。比如清代的台灣官員高拱乾曾寫過一首〈雞籠積雪〉的詩，描寫基隆長年冰封雪藏。於是就有學者從氣候變遷的角度，去研究這首詩到底是寫實的，還是純屬幻想。近年也有一些研究指出，《莊子》裡面有很多巨大的動物，過往都理解為神話幻想，但實際上很可能是因為當時的兩湖地區比現在溫暖很多，生態更像是熱帶地區，所以動物真的都很大。所以，我們本來就可以從各式各樣的觀點去解讀文學作品。

然而，為什麼文學研究者特別喜歡談政治呢？即便是文章一開頭提到的，認為「文學歸文學，

政治歸政治」的那類國文老師，他們也喜歡談〈出師表〉、〈諫逐客書〉和〈陳情表〉這種政治性強烈的作品。更不要說我上一節提到的B類解讀，那種讀法甚至會在看似沒有政治的作品裡，硬是讀出政治觀點來。

事實上，這種對政治主題的關心，是文學研究長期以來的傳統。為什麼會這樣？因為「政治」是關於「人們如何共同生活」的想法，而文學作品往往就是在描寫「人們如何共同生活」。你仔細回想你讀過的所有文學作品，是不是特別喜歡描寫人的生活？是不是特別喜歡描寫人們的生活是否平安愉快？理想是否可以完成？有沒有人被排擠霸凌？有沒有人被剝削欺壓？因此，文學跟政治不只是有很大的交集，根本可以說是一體兩面的。如果說得激進一點，我們甚至也可以說：文學作品裡面不但有政治成分，而且最重要的就是政治成分。

這時候你可能又要反駁我了：不對吧！文學作品還有其他重要的東西啊，比如高妙的文學手法，比如優雅美麗的文字，比如繁複的結構設計，比如凝練的意象、隱喻或象徵……這些東西，才是文學作品的價值所在，否則文學作品跟政治文宣有何不同？

這個說法，我部分同意。文學作品的特殊之處，確實在於文字、意象、隱喻、象徵等文學手法之上——這些東西，在文學研究裡，我們常常統稱為「形式」；而與之相對的，是作家想要表達的主題、題材、觀念等，我們稱之為「內容」。如果用「形式」跟「內容」的粗略二分法來說，政治解讀幾乎都是關於「內容」的，而前一段的反駁則主張「形式」才是文學的精華所在。

而我之所以僅有「部分同意」，是因為：我同意形式很重要，但我不認為內容完全不重要。

因為，讀者在閱讀文學作品時，其實不會刻意把「形式」和「內容」分開看待，而是一次體驗這兩者帶來的混合效果。所以，當你說「小說〈孔乙己〉的結構真漂亮」的時候，你固然是在表達你對「形式」的觀察，但你如何看出〈孔乙己〉的「結構」呢？可能是你看到作者安排了孔乙己生活狀態每況愈下的情節：一開始只是沒錢，後來還被打，最後甚至殘廢，乃至於

形式 vs 內容

在閱讀文學作品時，大多數人都會注意到「內容」，但比較少注意到「形式」的影響。如果這對你來說有點抽象，你可以想像一對情侶對話，其中一人對另外一人說：「沒關係。」同樣是這句話，說話的人帶著微笑說出、哭泣著說出、淡淡地說出、壓抑地說出……時，是不是就有完全不同的意義了？這就是「形式」對「內容」產生影響的，最簡單的案例。明明這三個字的「內容」都沒有改變，但語氣、表情、姿態等「形式」改變了，我們感受到的東西就不可能相同了。因此，如何判讀「形式＋內容」所綜合出來的效果，正是文學詮釋有趣和困難之所在。

失蹤……發現了嗎？為了要解讀〈孔乙己〉的「形式」，你還是必須先去解讀〈孔乙己〉的「內容」。這兩者是環環相扣，無法切分開來的。

於是我們可以推出下面兩組陳述：

A 你若要解讀作品的「形式」，就一定會牽涉到「內容」。

B 只要你要解讀文學作品的「內容」，就一定會牽涉到政治。

如果這兩組陳述都能成立，你就能明白為何文學研究者特別喜歡解讀文學作品中的政治觀點了。這其實不是「喜歡」，而是「必然」。「內容」是「作者寫了什麼」，「形式」則是「作者用什麼手法寫」，我們若要完整理解整篇作品，必然要把兩者結合起來。你如果要解讀內容，當然不可能忽略作品內的政治；而你必須要先解讀內容了，才能辨識出作品的形式——因為你不太可能在「不知道作者寫了什麼」的情況下，辨識出「作者用什麼手法寫」。

【提問】
文學圈有兩個繞口令一般的命題：「形式是內容的一部分」、「內容是形式的一部分」。根據這一節的說明，請試著解釋這兩個命題背後的想法是什麼？

■當我們開始「評價」：「文學vs政治」的三種立場

以上的討論，大致處理了「在文學裡進行政治解讀」的問題。我們應該都能同意，文學作品裡的政治非常重要，是解讀時不能忽視的成分了。但是，我們仍沒有完全回答「『文學歸文學，政治歸政治』有道理嗎？」這個問題。

因為文學作品不只有「解讀」的問題，還有「評價」的問題。

簡單來說，「解讀」比較像是客觀的分析，我們試著提出自己在作品裡面看到了什麼、觀察到什麼現象。「解讀」是沒有打算區分高低的，也盡量不帶價值判斷，不論我們喜不喜歡九把刀或洛夫，我們都應該會看到類似的東西。

但是，「評價」則相反，這種行為就是要區分高低。九把刀《那些年，我們一起追的女孩》到底寫得好不好？洛夫〈石室之死亡〉到底是亂寫一通的鬼畫符，還是現代主義詩歌的經典之作？

在大多數的學術研究裡，學者們的任務主要是「解讀」。比如物理學家或生物學家，他們縱然有個人喜好，但他們的工作並不是幫他們的研究對象區分高低。然而文學研究的特別之處是，我們研究文學，往往是為了找出「哪些作品是經典」、「為什麼它可以是經典」，因此文學研究從一開始就包含了「解讀」和「評價」這兩個層次。

離不開「評價」的文學研究

我們在上文說，文學研究從一開始就包含「評價」，這套知識系統顯然一開始就沒那麼客觀、超然。但反過來說，我們能否想像一種文學研究，是從一開始就「去除所有評價」的？如此一來，我們就等於承認所有作品都是文學作品，包括任何人的IG貼文或日記，甚至是寫在紙條上的喃喃自語。嚴格說起來，這其實沒什麼不好，也確實有某些流派是這麼主張的。但至少在「文學」這個學科建立之初，人們期待學者告訴我們：哪些作品是有價值的？有什麼樣的價值？這也是為什麼，文學研究還是保留了這種強調「評價」的傳統。

而「文學歸文學，政治歸政治」這句話，在兩個層次上的意義是不同的。在「解讀」的層次上，如前兩節的說明，文學跟政治是不可能「各歸各的」，它們從一開始就是混合在一起的。

然而，大多數人其實是在「評價」層次上，去使用「文學歸文學，政治歸政治」這句話的。支持這句話的人，跟反對這句話的人，他們爭論的重點在於：**我們在評價文學作品之好壞的時候，到底要不要考慮作品的政治觀點？**就算兩派人都同意「文學一定有政治成分」，這仍然沒有辦法解決「評價」層次的問題，因為我們既可以選擇「有解讀到，就要加入評價」，也可以選擇「有解讀到，但跟評價無關」。因為「評價」是一個牽涉到美感與情感的範疇，本來就不必然與知識性的理解連動——就像我們談戀愛的時候，也不一定要在調查完對方祖宗十八代之後，才決定愛上對方一樣。

此處的分歧，即便在文學圈內，也沒有一個絕對的答案。我們大致可以區分出三種常見的立場：

A 政治評價是文學評價的核心，政治評價很重要。

B 文學評價應排除政治評價，應忽略政治評價。

C 政治評價與文學評價同等重要，應分別看待。

持有A立場的人認為，政治內容是文學作品最重要的價值。因為文學是一種承載著思想與理念的媒介，所以「寫什麼」是最重要的。一部作品就算有非常精妙的手法，但傳達了有害的政治觀點——比如贊同「納粹」，或者強化了階級壓迫、族群偏見與性別暴力等等，那也不能稱之為好作品。更進一步說，如果一部作品的政治觀點是有害的，卻「寫得很好」，其危害反而更劇烈，因為它很可能藉由文學手法去美化錯誤的、會造成傷害的思想，讓人不知不覺接受惡劣的觀念。在這種立場下，就算有些文學作品的手法比較粗糙、笨拙，只要它的政治觀點是良善的，那起碼不會造成任何危害，當然就優於「手法精妙、政治錯誤」的作品。

持有B立場的人則剛好相反。他們認為文學最核心的價值，仍然在「怎麼說」的形式、手法之上。就算我們可以從文學作品中讀出政治觀點，但在進行「評價」時，仍應擱置這些政治觀點。B立場的考量是，這個世界上不存在絕對正確的政治觀點，如果我們用自己的立場去評價文學作品中的政治，很可能會因為我們自身的偏見，而掩蓋了作品本身的優點（或忽視作品本身的缺點）。比如我們可能會因為左派、右派之別，而只讚賞左派、右派的作品；或者因為統派、獨派之別，而排斥國族立場不同的作品。

除此之外，B立場更主張「文學有其獨立的價值」。所謂「獨立」，指的是這項藝術應當有一套超然的評價系統，不受外界其他因素的影響。不管是政治，還是商業、法律、道德，都不應當改變文學評價。就像是一場賽跑，我們就只專注地比選手的速度，而不會設定「年紀大一歲、總成績減一秒」或「亞洲人可以先跑一步」等其他參數一樣。文學也是如此，它如果要有自己獨立的價值，就要有獨立的評價規則。

一般人在講「文學歸文學，政治歸政治」的時候，往往就是採取B立場。你會發現，大多數人使用這個句子的場合，其實就是在說「不要講政治」，而不是「不要講文學」，是為了主張文學的獨立性的。

在「文學有其獨立的價值」這一點上，C立場與B立場是接近的。但兩者的差別在於，B立場選擇忽視政治評價，C立場則是把政治評價當成是另外一項有意義的「比賽項目」。C立場認為，我們可以分開看待文學作品當中的「文學評價」和「政治評價」——也就是說，我們可以認定某部作品「兩者皆好」或「兩者皆差」；也可以認定某部作品「文學上寫得很好，政治觀點有夠糟糕」；或者反過來「文學技巧實在不行，但政治觀點滿深刻的」。

事實上，這種立場才是最徹底的「文學歸文學，政治歸政治」，它是真正將兩者分離看待的。也因此，它不但主張「文學評價不應受到政治影響」，它同時也主張「政治分析不應受到文學成就的影響」。兩者既然是完全不同的項目，就不能夠互相抵消，沒有什麼「因為寫得很好，所以政治惡劣沒關係」這回事，當然也不接受「因為政治觀點很棒，所以很有文學價值」這種評價方式。

A、B、C三種立場，在文學圈中都是存在的。因為牽涉到「評價」，我們也很難去說某種立場才是絕對正確的評價方式——這樣就好像我們可以去裁決別人的偏好與品味一樣。然而，如果回到標題的命題：「『文學歸文學，政治歸政治』有道理嗎？」我個人的立場是：如果這麼說的人，採取的是C立場，我會覺得是有道理的，至少它是比較持平、周全的。但如果是採取B立場，似乎在思考上並不夠周全，表面上是說「各歸各的」，事實上卻是採取了「文學凌駕政治」的立場。這種心口不一的狀態，也是一開頭我們提到的諸多盲點之一。

然而，這也只是我的立場而已，你不一定要採納。畢竟「評價」這個層次，本來就不是理論和概念可以完全解釋的事情。我們可以盡量以理性來消除自身的盲點與矛盾，但這往往會帶領我們看到自己更深層的盲點與矛盾，而這個過程，套個不太理性的說法，正可以說是文學上的「修行」了吧。

【提問】

❶經過上述說明，假設你是一名文學讀者，在「評價」文學作品時，更傾向A、B、C哪種立場？為什麼？

❷承上題，假設你是作者，你會希望讀者用A、B、C哪個立場來評價你的作品？為什麼？

第三題

動漫比小說更沒深度，是嗎？

——林斯諺

國高中生如果在上課時偷看《七龍珠》或《火影忍者》，一旦被老師發現，那本漫畫大概會立刻被沒收，而且該生可能還會被懲處。可是如果學生偷看的書是《蒼蠅王》或《百年孤寂》，老師恐怕會對學生另眼相看。同樣的情況也發生在動畫，如果一名學生空閒時間都在看動畫，大概會被父母念說不要太沉迷，或是會被告誡要多讀點「有意義」的書。我們常可看到各級學校推薦一些書單給學生，卻比較少看到學校推薦漫畫或動畫。這不禁讓人疑惑，動畫、漫畫比起小說是否較沒深度、較不重要？不然怎麼會受到「差別待遇」？換個方式來問，動漫比起小說是否價值較低？這個問題的背後似乎還有一個更根本的問題需要回答，就是作品價值的高低是根據什麼判準來決定的？如果這點無法說清楚，我們似乎就沒有好的理由去主張動漫作品的價值真的比小說低。

■形式與類型

當我們在比較動畫、漫畫或小說的價值時，可能也要注意到一件事，就是小說本身也有高下之分。在前述上課偷看漫畫的例子中，如果我們把《七龍珠》或《火影忍者》替換成總裁系列的小說如《槓上麻辣總裁》或《總裁偏愛淘氣妻》，學生的下場大概也會是一樣。愛情小說會被歸類為所謂的「大眾小說」（popular fiction），甚至常見的類型小說如推理、武俠、科幻或奇幻小說也會被歸類為大眾小說。與大眾小說相對的就是「純文學」或「嚴肅文學」（serious literature），例如諾貝爾文學獎得主的作品或是其他世界文學名著。在多數評論家或文學研究者的眼中，大眾小說比純文學低了一階。《大逃殺》再怎麼轟動，文學價值還是難以與《蒼蠅王》比肩。電影或音樂也有同樣的狀況。例如，電影有所謂的「藝術電影」與「商業電影」之分，音樂也有古典樂與流行樂之分。人們對於這些類型的喜好當然不盡相同，但這些區分隱隱約約已經透露出價值的高低。

為方便討論，在這裡必須引入一些術語。我們可以用「藝術形式」（art form）來泛指人類創作不同的表現方式，如文學、繪畫、雕塑、音樂、電影、漫畫、動畫甚至電玩。「類型」（genre）則用來指稱同一種藝術形式中的不同派別或風格。類型可大可小。例如，科幻小說與推理小說就是文學這種藝術形式中兩種不同的小類；大眾小說與純文

主觀與客觀

不少哲學家認為，對於作品的好惡與價值高低沒有必然關係。一個人可以在主觀上喜歡某部作品，卻同時承認該作品客觀上沒那麼好。同樣地，一個人也可以在主觀上討厭某部作品，卻同時承認該作品客觀上是好的。人們往往會把主觀的偏好投射到客觀的價值，但這不代表兩者因此沒有區分。

學則是文學這種藝術形式中兩種不同的大類。

【提問】

❶請舉出一種上面沒提到的藝術形式。

❷承上，請舉出該藝術形式中的一種類型。

至此，我們可以發現本文開頭的提問，從寬廣一點的角度來看，已經不只是動漫與小說的比較，而是各種藝術形式以及類型的比較。換句話說，按照前述討論，屬於某些藝術形式與類型的作品會比其他形式與類型的作品來得更有價值。我們可以把這種觀點稱為「形式與類型觀」（form and genre view），把價值比較高的那些藝術稱為「高藝術」（high art），比較低的稱為「低藝術」（low art）。

形式與類型觀有說服力之處在於，某些形式與類型在直覺上就蘊含了高藝術，例如繪畫、雕塑、詩，或是前面提到的藝術電影、純文學以及古典樂。然而這種觀點會遇到一個很大的挑戰，就是憑什麼說某些特定的形式與類型就是高藝術。一個常見的答案是，我們可以主張這些特定的形式與類型都具備某個富含藝術價值的共通點，以至於都是高藝術。例如，具備結構上的複雜性。在曲子的構成上，古典樂往往比流行樂更複雜；在故事的結構上，世界文學名著也比總裁系列的小說更複雜。不過這似乎並非絕對。在視覺藝術中興起的極簡主義（minimalism）就不追求結構上的複雜性，反而要求簡單的呈現，而視覺藝術在直覺上似乎屬於高藝術。

又或者，推理小說常可見到相當複雜的故事設計，不亞於許多純文學小說，我自己身為推理小說的創作者，就很欣賞日本推理小說家綾辻行人在《殺人奇面館》這部作品裡面精巧複雜的設計。然而，這類小說一般會被歸類為大眾小說。換句話說，如果我們想用一種特定的性質來定義高藝術的形式與類型，很容易會遇到反例，要麼就是在高藝術的形式或類型中找到沒有具備該性質的例子，或是

極簡主義

又稱極簡藝術（minimal art），興起於20世紀60年代，代表作者如唐納．賈德（Donald Judd）、佛蘭克．史特拉（Frank Stella）。一些藝術史學家認為「極簡藝術」這個詞是英國哲學家理查．沃罕（Richard Wollheim）所創。沃罕於一九六五年於《藝術雜誌》（*Arts Magazine*）發表一篇文章，就叫做〈極簡藝術〉（Minimal Art）。

在低藝術的形式或類型中找到具備該性質的例子。

【提問】

❶接下來我會介紹哲學家提出來定義「高藝術」的條件。在那之前，你能否列出你目前能想到的條件？一部作品要有高的藝術價值，需要哪些條件？你可以發想一下並且記下來。

❷同樣地，你認為哪些條件會讓藝術品的價值降低？「低藝術」往往有哪些特性？可以發想一下並且記下來。

形式與類型觀所遇到的挑戰可以給我們一些啟示。顯然將特定的形式或類型直接等同於高藝術有其風險，因為每一種特定的形式或類型中都包含許多不同的作品，作品與作品之間會有相似性，但也具備很多差異性，這些相似性與差異性的多寡可能會影響到作品總體而言的價值高低。如此看來，我們該考慮的性質不應該只有一種。也許比較好的做法會是，把能提高以及降低作品價值的性質全部列出來，然後再看看作品有沒有具備這些性質。

■高藝術與低藝術的叢聚模型

如果我們要列出一張清單，上面載明能提高作品價值的性質，清單上要包含哪些項目？這是一個困難的工作。不過人們對於哪些性質可以提高作品價值，似乎也不是完全沒有共識。哲學家費雪（John A. Fisher）試圖用完整、全面的方式條列那些他認為能讓作品成為高藝術的性質。底下就是他提出的一個清單。費雪把下列清單稱為高藝術的叢聚模型（cluster model），底下簡稱H模型。會用「叢聚」這個詞是因為清單中的項目並不完整單一，而是由數個大項（即叢聚〔cluster〕）構成，大項又分支出不同的單項。

H模型

H1關於內容：

①道德探討要嚴肅並忠實呈現人生樣貌。

②情感要真誠，傳達真實的情感經驗，不能膚淺、陳腐或無病呻吟。

H2關於形式：

結構有組織與一致性，不流於公式化，具備美感。

H3關於作品的創作：

①由一人或多人創作。

②作者展現出創造力與原創性。

③作者對於所創作的類型擁有相關知識與技巧。

④作者有意圖要對相關的藝術傳統做出貢獻。

⑤作者對作品的完成度有所掌握。

H4關於受眾：

①作者有意圖要讓作品刺激受眾的智性或道德觀。

②作者有意圖要讓作品成為一個審美的對象。

③作品的創作不受外在因素影響，例如商業或政治的干預。

費雪主張，在叢聚模型中沒有任何一個單項是必要條件。為何如此主張的理由前文已經論述過，主要是因為我們很難透過尋找作品的共通點來定義高藝術，這樣的方式很容易遇到反例。除了這點，主張這些單項之間沒有誰比誰重要可能會是比較合理的，畢竟四個主要的叢聚都代表了某個重要的面向，似乎難以再進一步分配比重。例如，一部內容膚淺但視覺呈現優美的電影，比起一部內容有深意但視覺呈現粗劣的電影，孰優孰劣？如果無法判斷，那代表形式與內容之間沒有優先順序之分。

叢聚模型的主要精神就在於，要決定一個作品是否為高藝術，我們要訴諸的不是單一條件，而是多項條件。然而，究竟是哪些條件？如果是一組條件，又是哪一個組合，又是否只能有一種

藝術的叢聚理論

叢聚理論（cluster theory）是藝術哲學中的一種理論，最初是為了解決藝術的定義問題所提出，代表性人物是哲學家高特（Berys Gaut）。高特認為，不存在「所有藝術作品都有並且只有藝術作品才有」的特質，因此我們無法透過尋找這樣的特質來定義藝術。然而，我們可以列舉一些藝術作品常見的特質，並主張只要某物滿足這些特質中的其中幾項，該物就是藝術。叢聚模型的基本概念即是從叢聚理論蛻變而來。

組合？我們似乎沒有非任意的方式來回答這些問題。有鑑於此，最合理的解決辦法就是把叢聚模型看成是一個「程度性」的模型。換句話說，這個模型提供給我們的並不是一刀兩斷的判準，亦即，滿足哪些條件就是高藝術，沒有滿足就不是。相反地，叢聚模型告訴我們，如果一個作品滿足越多模型中所列舉的條件，這個作品就會越趨近高藝術，滿足越少就越遠離高藝術，中間會有灰色地帶，也就是不高也不低的藝術。

這樣的想法似乎很合理。當我們說一個作品比起另一個作品有「較高」的價值，用詞上就已經蘊含價值是程度性的概念。因此當我們把能夠提高作品價值的條件列舉出來，自然可以說滿足越多條件的作品價值越高。我們可以把高低藝術的區分看成一道光譜，高藝術與低藝術各自在光譜的兩端，趨近高藝術就是作品價值較高，趨近低藝術就是作品價值較低。

為了讓高低藝術的判斷更精準，費雪也提出了低藝術的

程度性的問題（a matter of degree）

有些事物無法做出一刀兩斷或者非黑即白的劃分，如果掉入二分法的思維，就會產生嚴重誤解。區分二分的問題與程度性的問題在哲學思考上十分重要，人們往往會用前者的思維主導一切思考，而忽略很多問題必須用後者來看待。

叢聚模型，在此簡稱為L模型。同樣道理，具備模型中的條件越多，作品就越向低藝術靠攏。

L模型

L1 作品的主要目的是娛樂。

L2 作品的主要目標是要引起受眾的身體反應（例如唱歌跳舞、尖叫或大笑）。

這兩個條件需要進一步的說明。首先是L1。一個以娛樂為主的作品通常不會提供太有挑戰性的事物，因為娛樂就是要讓人舒服、放鬆、不耗腦力。如果欣賞一個作品還要費勁思考，那就不會是娛樂了。但這也代表娛樂作品的主要功能是幫助我們排遣時間、釋放壓力，這種功能所蘊含的價值是一種工具價值，不是藝術價值。要注意的是，這個條件並不是在說娛樂性不好，而是說

工具價值（instrumental value）

在哲學中，工具價值指的是事物因其被當成手段而產生的價值，例如，鐵鎚的工具價值是來自它可以幫我們完成某些目的，像是固定釘子以便完成工事。工具價值常與內在價值（intrinsic value）一起討論，後者是指事物因其本身而產生的價值。內在價值本身就是目的。例如我們讀書學習往往是因為知識本身的價值，而非是因為我們要把知識當成手段來實現什麼目的。藝術價值就是一種內在價值。

以娛樂性為主要目的的作品很難會有挑戰性。

至於L2，為什麼引起受眾身體反應的作品容易淪為低藝術？這是因為這種反應的發生沒有經過理性思考。我們聽到特定的節奏會跟著跳舞、打節拍，看見不明物體或黑影就會感到害怕而尖叫，目睹滑稽的動作就會大笑……這些都是直接的身體反應，不是我們經過思考之後才這樣做。這就是為何流行樂、恐怖電影以及喜劇往往具備較低的價值，因為這些類型的作品訴諸的是受眾的本能反應。這也是為什麼情境喜劇（sitcom）以及脫口秀（stand-up comedy）都會是低藝術，因為這兩者的主要目標都是引人發笑。

【提問】

❶所以一般來說，作品的娛樂性越高，挑戰性越低嗎？在你印象中，有沒有哪些作品，恰好是因為挑戰性而帶來娛樂性的呢？

❷若你有順著上一組提問列出自己的「高藝術」和「低藝術」條件，你可以把自己看法跟費雪對照一下。你不需要把費雪的意見當成標準答案，可以想想看：在彼此意見衝突之處，你有被說服嗎？如果沒有，你會如何替自己辯護？

動漫與小說

我們現在可以利用前述的兩個模型來處理本文一開始提到的問題：動漫比小說更沒價值嗎？讓我們拿《七龍珠》與《蒼蠅王》來比較，看看這兩部作品是否符合高藝術與低藝術的叢聚模型。

首先是H1—1（道德探討要嚴肅並忠實呈現人生樣貌）以及H1—2（傳達真實的情感經驗）。《七龍珠》或許有探討一些道德議題，但大概沒有到嚴肅的程度。對於人生樣貌的呈現也不是完全沒有，但大概也沒有到忠實的程度。至於情感經驗，故事中當然對於角色的情感有一定程度的刻畫，但似乎並不深入。事實上，費雪承認程度性的概念也適用於叢聚模型中的某些性質，因此針對H1—1與H1—2兩個性質，我們可以說《七龍珠》不是完全沒有，但程度不算特別高。相反地，《蒼蠅王》一書的主軸就是在討論道德問題，書中敘事的語氣是嚴肅的，對於人性、情感的描寫也更貼近現實。

有些人可能會說《七龍珠》是奇幻故事，描寫怎麼可能貼近現實。但H1—1與H1—2強調的是對於人性的刻畫要精準、有說服力，這與故事是否有科幻或奇幻設定並不衝突。喬治．歐威爾的《一九八四》以及赫胥黎的《美麗新世界》皆具備科幻成分，但是這些作品中對於人性或情感的描寫都十分深刻且自然。

至於H2形式的部分，以《蒼蠅王》而言，在讀完全書之前不太可能預測到結局，因為故事並未遵循僵化的模式。全書的安排很有層次，從孩童們被困孤島，試圖建立律法制度，直到後來看法分裂、發生衝突，以至於互相殘殺，整體安排可謂環環相扣。作者也善用許多文學技巧，提升作品的審美層次。反觀《七龍珠》，在畫工上雖然受到許多讀者與評論家的讚賞，然而整體的一致性卻比較欠缺。「那美克星篇」（或許再加上「賽亞人來襲篇」）、「塞魯篇」及「魔人普烏篇」分開來看，都是故事流暢、前後一致的整體，但當我們把一到四十二集合在一起看，就會發現很多銜接不完善的部分。例如戰鬥力的設定在「那美克星篇」之後出現戰鬥強度大暴走的狀況。這其實是因為鳥山明畫完「那美克星篇」就想結束故事，卻因人情壓力決定繼續再畫下去，「塞魯篇」開篇的部分明顯可以看出本來該結束的故事又被硬套上新的情節。這些問題多少削弱了《七龍珠》在形式上的整體性與一致性。事實上，許多漫畫因為連載的緣故，常會出現各種前後不一的問題。例如《幽遊白書》前期是帶有療癒風格的靈異小品故事，從第三集起卻逐漸轉變為熱血格鬥漫畫，隨著連載集數增加，後期也出現如《七龍珠》一樣戰鬥強度大暴走的問題。不論是《七龍珠》、《幽遊白書》或其他類似的漫畫，故事走向都有公式可預測，情節推展不脫RPG打怪練等級的模式，主角習得新的招式後變得越來越強，最終打敗反派大魔王，拯救地球或宇宙。

如果繼續比較《七龍珠》與《蒼蠅王》，會發現兩者在H3的五個條件表現大抵不會相差太多，但是在H4的部分又開始產生落差，尤其是H4－1和H4－3。首先，《七龍珠》並沒有刺激讀者的智性或道德觀之效果（即使有，程度也偏低），但刺激讀者進行道德方面的思索正是《蒼蠅王》一書的主要目的。此外，《七龍珠》的發行有很大的商業考量，就因為這漫畫實在太暢銷了，鳥山明才會在出版社的壓力下繼續作畫，導致無法按照自己的心意早早終結連載。《蒼蠅王》的創作沒有受到商業市場或政治力的干預，是威廉・高汀在自由創作下，透過文學體裁對於世界大戰背後的人性之惡進行省思。

比較完高藝術的叢聚模型，當然也得考慮低藝術的叢聚模型。在L1的部分，《七龍珠》的主要目的就是娛樂（這也是大多數漫畫的功能），其娛樂性明顯不具備挑戰性，因為閱讀過程中沒有負擔，是可以輕鬆閱讀的讀物。《七龍珠》的風格雖然輕快幽默，但不是喜劇漫畫，作品主要目標不在引起讀者的身體反應，因此不具備L2的特徵。《蒼蠅王》則是L1與L2都不具備。

綜上所述，給定H模型與L模型，我們似乎必須說《蒼蠅王》的藝術價值的確高出《七龍珠》非常多，並且前者偏向高藝術，後者偏向低藝術。許多漫畫與動畫的狀況大抵與《七龍珠》類似。

【提問】

❶把叢聚模型用在你最喜歡的一部動畫或漫畫，看看結果偏向高藝術或低藝術。

❷試著舉出一部在叢聚模型中偏向高藝術的動畫或漫畫作品。

❸試著舉出一部在叢聚模型中偏向中間藝術的動畫或漫畫作品。

藝術真有高低嗎？還是不可共量？

前面提過，叢聚模型並沒有主張特定的藝術形式與類型必定蘊含高藝術。根據叢聚模型，作品偏向高藝術或低藝術要看其擁有的性質而定，而非其所屬的藝術形式與類型。這就是為什麼有些乍看之下屬於低藝術的作品還是可以具備很高的藝術價值，因而偏向高藝術，例如電玩遊戲《異域鎮魂曲》。

然而，漫畫、動畫或者大眾小說之所以常常會被視為低藝術，就是因為這類作品通常缺乏H模型中的條件，並且具備L模型中的條件。當然，這並非絕對，例如《進擊的巨人》、《鬼滅之刃》等漫畫作品在道德探討（H1－1）以及情感表達（H1－2）甚至原創性（H3－2）等面向都有開創性的表現。又如日本導演押井守的動畫電影如《攻殼機動隊》往往富含哲學思考，在智性上帶來強烈刺激（H4－1）。被歸類為大眾小說的推理小說往往在H1以及H4的叢聚表現優異，前者是因為對犯罪有深入探討，後者是因為強調解謎，構成極大的智性挑戰。

同理，純文學、古典樂、藝術電影或視覺藝術之所以常常會被視為高藝術，就是因為這類作品通常具備H模型中的條件，並且缺乏L模型中的條件。當然，這也並非絕對。例如，史特勞斯的圓舞曲雖然是古典樂，卻因為具備L2而偏向低藝術。

罕見的哲學電玩

《異域鎮魂曲》是1999年由黑島工作室（Black Isle Studios）所推出的一款美式RPG，被許多玩家認為是史上最經典的RPG之一。這款遊戲的特點在於劇情主軸以哲學思辨為骨幹，舉凡形上學、知識論、倫理學、邏輯、政治哲學等重要的哲學領域都被巧妙地融入故事情節之中，成為一款文學與哲學深度兼具的電玩遊戲。

然而例外終究是少數，這也致使高藝術與低藝術這兩個詞在一般的使用中很容易就對應到特定的形式與類型。

【提問】

❶漫畫、動畫和大眾小說常被認為屬於低藝術，然而這些類別當中有哪些作品在你看來價值特別高呢？你能否用前述叢聚模型說明你的看法？

❷純文學、古典樂等藝術作品常被認為是高藝術，然而這些類別當中有哪些作品在你看來價值特別低呢？你能否用前述叢聚模型說明你的看法？

有一種捍衛低藝術的立場稱為大眾主義（populism）。這種立場認為，一般所認為的低藝術比起高藝術具備更高的藝術價值。為了避免產生價值判斷上的混淆，大眾主義的擁護者用「大眾藝術」（popular art）這個詞取代低藝術。相對於大眾藝術，我們可以把那些常與高藝術連結在一起的形式與類型稱為「純藝術」。經過這樣用語上的調整，在辯護大眾藝術的價值時，比較不會被高藝術與低藝術的「高」、「低」所誤導。

大眾藝術的形式與類型包括動畫、漫畫、大眾文學、商業電影、流行樂或電玩等等。大眾主義主張，比起純藝術，大眾藝術更切合當代受眾的生活經驗，因此顯得更有意義也更真實。所謂的純藝術多半是菁英文化圈盛行的藝術形式或類型，無法反映普羅大眾的所思所想與生命體驗。因此，當社會認為純藝術優於大眾藝術，這代表的可能只是社會菁英的話語權和品味比較強勢。

大眾主義的主張較為極端，即使大眾藝術有其價值，似乎也沒有必要主張它的價值必定高於純藝術。畢竟，大概沒有太多人會接受總裁系列小說的價值高於莎士比亞四大悲劇。

比大眾主義更為合理一點的立場是多元主義（pluralism）。這種立場不否認大多數純藝術作品可以有極高的藝術價值，但同時承認很多大眾藝術作品也具備高度價值。如果我們是用叢聚模型來做評估，多元主義者會宣稱，我們必須更審慎判斷某個大眾藝術作品是否真的缺乏H模型中的性質，並且具備L模型中的性質。

回到《七龍珠》與《蒼蠅王》的比較案例。根據我們先前的評估，《七龍珠》在H模型中，H1—1與H1—2得分是較低的，因為它沒有嚴肅的道德探討，也沒有傳達真實的情感經驗。多元主義者會說，如果我們做出這樣的判斷，可能是沒有仔細讀漫畫。例如，在「塞魯篇」擁有重要戲分的人造人（尤其是十六號、十七號以及十八號）可以激發讀者思考一些議題。這些議題包括但不限於，人造人是人嗎？人造人是否有自由意志？人造人需要為自己的行為負責嗎？而人造人與Z戰士的互動，的確也傳達出人與人之間相當真實的情感經驗，這正是「塞魯篇」至今仍為人津津樂道的其中一個原因。另一方面，多元主義者可以進一步主張《七龍珠》在L模型並沒有具備L1這個特質。大眾藝術與商業市場的結合雖然較為緊密，但這不代表所有大眾藝術的作者都把創作的主要目的設定為娛樂。也許鳥山明在創作《七龍珠》時腦中想的不只是娛樂讀者，更重要的可能是實現自己心目中的創作理想。

有一些多元主義者認為，就算上述說法說得通，我們也很難說（比較好的）大眾藝術作品就因此可以跟高藝術作品並駕齊驅。所謂的重新評估，也不過就是讓原本的作品價值上升一點點而已。這些多元主義者認為，比較合理的做法應該是把純藝術與大眾藝術放在不一樣的標準下衡量，這樣才能真正彰顯出大眾藝術的價值。

多元主義

在哲學中有很多立場是針對特定的議題、領域或事物。本文的多元主義指的是藝術價值上的多元主義。但多元主義也可以針對其他論題。例如，如果一個人主張一個作品可以不只有一種合理的詮釋，那麼他的立場也是多元主義，更精確地說，是藝術詮釋的多元主義。

讓我們回到《七龍珠》與《蒼蠅王》的比較案例。多元主義者不需要否認或貶低《蒼蠅王》的價值，H模型作為高藝術的標準，爭議可能並不大。然而，把它套用到《七龍珠》上就會有問題。比起嚴肅的道德主題、真摯的情感表現以及高度的智性挑戰，大眾藝術更講求趣味性、故事性以及想像力。然而，這些評價標準都不在H模型中。根據H模型，《七龍珠》談不上有很高的藝術價值，但這樣的結果似乎違反事實，《七龍珠》被許多人認為是日本漫畫史上最經典的作品之一，甚至還風行全世界。如果連《七龍珠》都一文不值，那叫其他漫畫情何以堪？

作為一部熱血的格鬥漫畫，《七龍珠》有許多引人入勝之處，包括可以許願的龍珠，天下第一武道會，各式各樣絢爛的武功招式，還有讓人回味無窮的「變身」橋段。不管是弗力札的三段變身、塞魯的完全體、魔人普烏的邪惡型態，抑或超級賽亞人的爆氣變身，都在在讓人見識到作者驚人的想像力。此外，《七龍珠》的故事情節也是一絕，「那美克星篇」的龍珠爭奪戰充分展現出鳥山明的說故事才華，高潮迭起、毫無冷場，這種說故事能力在「塞魯篇」以及「魔人普烏篇」也得到充分展現。然而，上述這些特點都不在H模型中。

趣味性、故事性與想像力其實是動畫、漫畫以及大眾小說非常重要的評價指標，《七龍珠》在這些方面表現非常出色，這是它成為經典的原因之一。如果我們可以訂定出更完善、屬於大眾藝術的評判標準，那麼我們就有立基點可以去主張不少大眾藝術作品具備一定程度的藝術價值。

如此一來，我們必須承認純藝術與大眾藝術的價值是不可共量的。既是不可共量，《七龍珠》與《蒼蠅王》也就不能比較。然而，《七龍珠》與《蒼蠅王》各自都有自己的價值，都是各自領域中的經典。

【提問】

❶你認為大眾主義與多元主義何者較有說服力？為什麼？

❷本節提到了兩種多元主義，你覺得哪一種較合理？請說明理由。

哲學論辯

在哲學討論中，我們追求的是，是否能提出好理由來說服對方。如果對方提出相左的看法，我們也必須考慮對方的說法是否有問題。同樣地，對方也有可能會對我們的說法提出反駁。為了堅守立場，我們當然也可以繼續針對對方的反駁再反駁。以上關於高低藝術的討論便展現了這種模式。如此一來一往的論辯往往可以加深我們對於議題的理解，釐清許多之前不曾注意到的細節，幫助我們做出更完善的論述。

小結

叢聚模型很好地解釋了為何動漫或大眾小說一般會被認為藝術價值較低，它也能夠解釋為何在這些類型中偶爾會有逼近高藝術的「神作」，因為它並沒有把特定的藝術形式和類型同價值綁在一起。然而，叢聚模型忽略了純藝術的評判標準可能不適用於大眾藝術，這正是某些多元主義者強調的。

有些哲學家認為多元主義仍舊會遭遇困難，他們主張純藝術作品所提供的美感經驗與大眾藝術明顯有質的不同。如果我們同時體驗過諾貝爾文學獎得獎作品與當前暢銷漫畫，兩相比較之下，我們還是會承認前者所提供的閱讀經驗較有質感，這代表兩者還是可以比較，並且前者比較有價值。也就是說，當某個人主張大眾藝術優於純藝術，他可能只是沒有好好體驗過後者；而一旦他真的這麼做了，他會發現後者提供的美感經驗明顯勝出。多元主義者則認為，這樣的測試若付諸實行，不見得每個人都會選擇純藝術，因此這樣的說法有待實證的檢驗。

【提問】

❶請說明叢聚理論與多元主義何者較能說服你。

❷你覺得動漫的觀賞經驗真的遜於純文學的閱讀經驗嗎？能舉出任一方向的反例嗎？

❸最後，不管是動漫還是純文學，你覺得這些作品存在的意義是什麼呢？前面這些區分高下的討論，是為了什麼，並且造成哪些效果呢？

II

會不會管太多？

第四題

政府真的可以逼人受教育嗎？

——周詠盛

沃草 watchout

近年來，教育改革如火如荼地進行，也引發了諸多爭議。譬如因課綱修改而起的文言文與中國史議題，許多人會質疑：如果在現代社會當中難以應用，我們有必要讀那麼多文言文和中國史嗎？但也有人認為，它們有加強語言能力、傳承優良文化與塑造國族認同的功能，不該輕易刪去。

在反思教育內容的大趨勢之下，這些爭議導向了兩大關鍵問題：首先，國家有權要求所有學生都必須修習某些課程嗎？為什麼？其次，如果有的話，哪些課程內容是學生有義務修習的？應該如何判斷？

以下我將針對高中教育來討論。

■誰能通過「必修測試」？

上述質疑反映出，某科目之所以是必修而非選修，之所以該讓所有學生付出時間心力研習，應該要有通過公共認可的充分理由，畢竟它相當程度排擠了學生自由學習的空間。或者是說，我們得要有很好的理據，才能名正言順地宣稱，某些內容就是該必修、就是該強制所有學生修習。

原則上，將日常生活的基本能力與禮儀規範納入必修，應無疑義。或者換個角度問：一個讀過中學的人，應該要學會什麼，或說懂得什麼？一般人的答案，不外聽說讀寫的基本技能，以及食衣住行、人際關係的基本禮儀，畢竟這是每天都在用的東西。也有些人會說，教育是要讓人能夠發揮自己的潛能，找到自己的幸福。除此之外，從國家的角度來看，教育更是強化人力資源、促進社會發展的一環，所以中學課程的內容，還需要有益於兩件事：高階人才的專業基礎、民主政治的積極參與。

基於這些說法，原則上我們可以設計一個「必修測試」，列出各個評分項目並統計最終分數。若某科目達到頂標或前標，我們就可承認它有必修價

明示判斷標準

在判斷某事值不值得做，或某觀點是否成立時，可以主動明示自己的判斷標準，其中一種呈現是，設計一個測試，再看看某做法、某觀點能否通過它。一個知名範例是「圖靈測試」，這意在判斷，機器原則上能否展現出與人類同等的智慧。

明示判斷標準，可以加強論述的客觀性，或說去除你論述中看似個人偏好的嫌疑。譬如有人會說，支持文言文必修的人，完全是因為他們特別喜愛中國文化。不過，若是文言文能夠通過必修測試，而測試內容又基本獲得大家認可，個人偏好式的反駁就難以成立。

值得注意的是，其實我們日常生活的對話當中，只要涉及該不該、對不對，往往就隱含某套判斷標準。而在知性寫作當中，我們最好能把自己的判斷標準主動明示出來。

值；若只有均標，可能選修就好；若是後標甚至底標，雖不至於廢除，至少該大規模改進。

【提問】

如果讓你來設計必修測試：

❶你會把哪些項目列入評分？為什麼？

❷假設滿分是一百分的話，你認為幾分以上代表應該必修，幾分以下代表應該大幅改進？請跟同儕比較你們對於這些數字門檻的判斷。

❸在你看來，哪些人最有資格擔任評分委員？為什麼？

必修測試可以用來檢驗所有科目，但我將特別討論國文科，旁及歷史科，並運用先前提到的幾個標準：生活技能、專業基礎與民主參與。這主要是因為，近來的教育改革爭議，確實涉及了這兩科目的內容增刪與修訂，進而引起了社會大眾對於「我們希望教出怎樣的下一代」之關切。也就因為如此，釐清其中的理路，當有助於促成更多共識。

■文言文該必修嗎？

文言文又稱古典漢文，是中國傳統上的一種書面語言，有其特殊的語法與格式，如今它不僅代表語言形式，同時也是思想內容的載體。也可以說，當我們論及文言文時，與中國傳統思想通常脫不了關係。文言文在高中國文課本裡約占五成比例，難度也比較高。許多人認為，文言文的語法與內容，對日常生活都沒多少幫助，但為了獲取分數，學生們往往必須為此花費許多時間心力。社會上對於刪減乃至廢除文言文的倡議，即是由此而發。

一般而言，國文科具有三大目標：

語文教育——基本的聽說讀寫。
文藝教育——培養美感與審美觀。
文化教育——傳承中華文化。

支持文言文具有必修價值者，不僅認同這三大目標，更認定文言文是達成它們的最佳媒介；而反對文言文者，則可以分為質疑目標與質疑媒介兩種進路。

讓我們從語文教育開始簡單檢視。聽說讀寫的訓練，的確應被納入必修科目，但文言文是訓練聽說讀寫的好媒介嗎？這裡有替代性問題：反文言文者宣稱，既然我們日常生活都是使用白話文，用白話文教材來訓練聽說讀寫當然更好；支持者則會說，文言文才能使聽說讀寫的內容更豐富、更有深度，或者乾脆說，文言文能夠使語文能力更強。

文言文的確利於教導

劃分目的與方法

原則上，任何政策都可以被進一步區分為兩個部分：要達到什麼目的，以及用什麼方法（或說媒介）達到目的。之所以要做這種區分，是因為我們在檢視政策成效，尤其是要找哪裡出錯時，可有兩個角度：一是目的本身就有問題，二是目的沒問題但方法不太好。

同樣一個目的，可以有很多種方法去達成，譬如你要從台北去高雄，可以搭高鐵、搭台鐵、搭客運或騎腳踏車。在目的沒問題的情況下，爭論的主要焦點，往往會在哪種方法能夠更容易、更省成本，或更有效率地達成目的。也就因為如此，區分目的與方法，並比較各種方法的好壞優劣或可行程度，可說是分析政策型議題的必備思維。

在面對明顯有些問題的政策時，不同角度也自然會導出兩派觀點：一是這政策該直接廢除；二是這政策用意良善，只是需要更多改進或配套。

某些特殊的遣詞用字與成語典故，然而，它們值得納入必修嗎？這可能取決於，我們對一般人語文能力的平均水準有何預期。支持文言文者多半會說，必得熟悉文言文，才能算是語文能力高於平均，才能看懂或寫出好文章；但反對者很可能不會認同此說。

【提問】

你認為：

❶要看懂或寫出好文章，需要對文言文有多少了解？怎樣的了解？

❷當今的文言文教育及考試方式，能增進這種了解嗎？為什麼？

其次是文藝教育。這裡有個多元性問題：我們可以承認文言文是一種很好的文學載體，帶有獨特的美感與審美價值。但文學的形式與類別有很多種，為什麼國文科要獨尊文言文？相較之下，台灣本土的某些文學形式，譬如閩南語、客家語、原住民語等，占比則是極低。若把文藝教育視為某些專業領域的必備能力，我們不妨承認它值得納入必修，但要選擇哪些文學類別、比例又該如何分配，是一件頗需討論的事。

【提問】

就你的觀察：

❶以台灣社會而言，哪些職業、領域或生活方式，需要特別強的美感能力？為什麼？

❷要培養美感能力，應該要熟悉哪些文學類別？為什麼？

最後是文化教育。由於文言文是中國傳統思想的主要代表，說它有助於傳承中華文化，應該沒有太大疑義。但一個重要問題是，為何獨尊中華文化，而非其他存在於台灣社會的文化？

有人會說，這裡涉及了民主制度的政治中立原則，即學校不得支持特定的政治立場或宗教信仰，而獨尊中華文化本身就是一種政治立場，所以文言文不該必修。另一方則會說，中華文化一直是台灣社會的主流，教導中華文化能促進民主社會的合作與共榮，這與政治立場無關。

【提問】

你認為：

❶國家有權選擇一種文化，並規定大家都要學習嗎？為什麼？

❷主流文化是什麼意思？台灣社會的主流文化是什麼？

❸必修課程應該特別強調主流文化嗎？為什麼？

從上述討論可以看出，雖然文言文在語文、文藝與文化方面的培養，似乎能夠對應到必修測試的三個標準：生活技能、專業基礎與民主參與，但反對方的論點也有一定道理。尤其在教導中華文化是有利還是有害於民主進展上，支持與反對雙方看來勢如水火，不易達成共識。

■國族認同不重要嗎？

不宜忽略的是，教育一直有凝聚認同、加強團結的功能。試想，倘若一個群體當中，每個成員的語言、價值觀與歷史記憶都趨同，是否衝突與誤解的情況就會更少，合作成功的機率與效果就會更大呢？這也就是為什麼，義務教育通常會教導同一語言、同一價值觀、同一歷史記憶，讓學生們覺得「我們都是同一國的」，而這在台灣很大程度上是靠國文、歷史兩科來達成。

從此出發，一種比較好的、替文言文辯護的回應是：文化多元固然很好，人們也應該要有文化偏好、文藝偏好的自由，但為了增加社會凝聚力，提高群體同質性，我們有必要在義務教育上刻意選定與傳承某一主流文化。若社會大眾多能認同主流文化的價值觀與禮儀規範，就能有效降低溝通、決策與執行成本，在目標與做法上更容易形成共識，這是一個成熟民主社

重設類似情境

頁 89 的【提問】用了一個寓言，讓我們可以在截然不同的情境下，重新審視同一思維的合理性。

相較於其他技巧，重設情境更常用於攻擊對方論點，而非完備自身論點上，尤其是我們刻意要設計一個荒謬情境時。

它的使用難度較高，除了需要想像力，還必須精確掌握想要呈現的思維，否則容易變成曲解或不當類比。但如果用得好，可以為你的論述增色不少，並讓讀者印象深刻。

另外必須注意的是，重設情境的諷刺意味有時非常強。為了避免不必要的爭議，在設定情境時最好多方考量，並盡量採取中性描述。

會所樂見的事。

事實上，歷史課綱爭議也是因此而起，亦即國家該用何種國族認同來教育人民，或說國家應該如何建構出國族想像的問題。特別是，當我們回顧「中華民國」一詞的起源，清末民初的學者章太炎，在其著作《中華民國解》裡即宣稱，中華民國是由中華民族所建立的現代國家，而在判斷某族群是否為中華民族上，並非取決於血緣，而是取決於他們是否認同中華文化。更直白地說：中華文化是中華民國的優良傳統，每個國民都該繼承與發揚。

【提問】

考慮以下情境：從前有個小鎮鎮長，覺得輪子真是偉大發明，於是他規定，鎮裡所有孩童都必須花費大量時間，來學習關於輪子的一切。數十年後鎮長逝世，但這套思維卻流傳下來，被老人們看成是小鎮的優良文化，是值得驕傲的傳統。請問：如果年輕鎮民們集體抗議學習輪子，而有人批評說這是藐視傳統、破壞團結，你會怎麼評論？為什麼？

必須注意的是，中華文化的認同，很多時候並非理所當然，而是需要刻意塑造的。章太炎就明確主張，中華民國應該主動將蒙古、新疆與西藏納入版圖，並需要透過官府與教育，在語言、法律與產業方面「同化」這些地方的人民。儘管他的國族計畫並未涉及台灣（當時尚屬日本領地），但這套治理與教育思維，後來卻在台灣執行得相當徹底。

由此可見，與其問「什麼文化已經是主流」，更該問的其實是「我們想讓什麼文化成為主流」，因為教育本來就是塑造文化認同的重要方法。也就因為如此，儘管國族認同的思路很合理，卻不足以回答：為什麼是塑造中華文化認同，而非其他文化認同？

【提問】

你認為：

❶「教育制度所要塑造的主流文化」該具備哪些內容，是否該交給社會全體來決定，譬如透過問卷調查、說明會或公投來徵詢各方意見？

❷這可能有哪些好處？又可能有哪些壞處？

■專業基礎的必修

隨著社會環境的變遷，所謂的「生活必備技能」也正在改變。譬如在大量使用書信通訊的年代，書信格式、禮儀與用語是生活必備技能，但隨著網路科技與智慧型手機的興起，反倒是社群與通訊軟體的熟悉，才更能維持與發展人際關係。或者更直白地說，在網路時代，貼圖、迷因比書信禮儀的應用性高上許多。

但有些科目之所以列入必修，並非由於有助於我們的日常生活，譬如相較於國文與歷史，數學科之所以列入必修，更多地是為了訓練專業基礎，以利於高階人才的培養。許多人會說，科學技術研究是一個國家的軟實力，也是產業發展與升級的必要條件。也就因為如此，我們需要相當數量的研發與管理人才，來作為經濟發展的重要推力。從此角度來看，這些科目的必修似乎必要。

然而，社會上不定期會出現「數學無用」之類的聲音，認為許多數學概念和運算細節，在日常生活當中根本用不到。這反映出了一個問題：高階人才在整個社會當中是相對少數，但我們卻要求所有學生都必須學習專業基礎，這似乎有點奇怪。

有人可能會說，高中學生並不知道未來會從事什麼行業，因而必須學習各種專業基礎，到時才能派上用場。也有人會說，我們無法事先預知哪些學生有哪種天分，所以得全部學生都先必修這些科目，再從中挑出成績較好的那些，以作為高階人才的預備。

這些論點都有道理，但它們也都隱含一種態度：這些專業基礎式的科目，的確不太泛用，但為了篩選特定人才，就算多數人學了卻絲毫無法應用，那也是不得已的事。這是強調成本的說法，若強調機會，則強迫大家都得學，等於承認大家在未來都有機會從事相關工作。又由於高階人才對應到條件較好的工作職位，至少表面上看，這應該有利於階級流動。

簡而言之，這些專業基礎科目的必修，讓人人有機會競爭高階工作職位，卻也讓無意參與競爭者，必須額

誰受益？誰受害？

完全有益無害的政策並不常見。絕大多數政策，只要它影響的範圍夠廣，幾乎都可以進一步去問，哪些人受益最多、哪些人受害最深。也就因為如此，區分出誰得到利益、誰付出成本，又是誰最應該得到利益、誰最應該付出成本，經常成為討論焦點。

譬如人們常會覺得，迫使無辜者付出極高成本的事情就是不該發生，無論它整體而言能夠帶來多大利益。所以一個極常見的、批評政策的方法，就是強調受害者群體。

當然，比較客觀的做法，是條列出受益與受害群體，再做綜合性的比較，或是有沒有可能把利益盡量最大化、成本盡量最小化。

外付出許多心力。

【提問】

對於數學這類專業基礎式的科目：

❶你同意它們應該必修嗎？為什麼？

❷如果同意，你要怎麼回應有人說「數學對我的生活完全無用」？

❸如果不同意，你要怎麼回應有人說「數學是讓人將來有更多選擇工作的機會」？

■素養導向與改革策略

透過上述討論，我們大致可以了解，由於社會的迅速發展與變遷，過往被列入必修的科目，或多或少都應該重新檢視。更直白地說，過往的某些生活技能與專業基礎，已經不能再適用於當今，而我們對於民主政治也有了更多更豐富的想像，所以對於學校該教什麼、學生該學什麼，自然就出現了改革意見。

事實上，義務教育的改革已注意到這一點，所以近來的教改趨勢，是要降低必修科目與量化分數的比例，並代之各類素養與學習歷程。在素養導向的思維下，真正重要的除了知識內容以外，還有自主學習的能力與動力。因為知識內容可能會過時，也不見得適用於每個人，但學習的能力與動力，可以協助我們更好地適應

使用評分或排序

如果我們要完成某一目的，但似乎找不到特別好的方法時，其中一種處理方式是，讓大家對各種可能方法做出評分（譬如 1-5 分）或排序（從首選到末選），再做綜合性的討論與統計。

這很像是意見或問卷調查，在必須採取行動，但現階段又找不太到共識時，這種做法或有幫助。它可以呈現出，哪些觀點更加主流，以及不同人的觀點是否落差很大。接著我們還可以問，為什麼某些人特別偏好某些方法，其中是否存有一些原本沒注意到的因素。

這或許無法消除爭議，但長期而言，可以讓群體當中的成員更加了解彼此。無論某說法多有道理，若要讓大家普遍接受，都需要一個說服的過程，而了解彼此往往是成功說服的必備基礎。

新技能、新知識以及新環境。

這一觀點有助於我們設計必修測試。先前提過的三個標準：生活技能、專業基礎與民主參與，除了需要廣泛性與應用性高的基本知識，也需要各種相應素養，譬如一〇八課綱所提出的九項：身心素質、系統思考、創新應變、溝通表達、科技媒體、藝術美感、道德公民、團隊合作與多元文化等。

【提問】

你認為：

❶必修科目應該教導哪些素養？可參考上述九項，並以重要性排序。

❷高中現有的必修科目，能夠支援這些素養嗎？有沒有誰被漏掉？可做評分與排序。

❸為了更好地教導這些素養，教材應該要增加哪些內容？或說課程可以增加哪些活動？

或許有人會說，若按這樣嚴格檢視，現有高中科目大都通不過必修測試，或得有極大幅度的修改補充。但考慮到師資、預算與設備的有限，以及義務教育必須對所有國民開放，某些必修雖然不盡如人意，改為品質參差不齊的選修也未必更好。

這是很實際的考量，尤其課程改革對於不同地域、不同性質的學校來說，可能會造成難以預料的負面衝擊。據此，在考慮必修科目上，除了把通不過必修測試的課程改為選修，並盡量提供更多選修課程以外，也可以設定某種必修選修的比例，譬如各五成，然後依測試分數排名來選定哪些課程維持必修、哪些改為選修。

【提問】

如果有人主張完全廢除必修，把所有科目改成選修，你認為：

❶在這樣的改革之後，哪些人最可能得益？哪些人最可能受害？

❷整體而言，這種改革是好是壞？是否值得嘗試？為什麼？

■自學與考試文化

義務教育的必修科目如國文、歷史或數學等，本該是所有適齡學生都得修習的，但現實上並非如此。因為政府已承認體制外的自學制度，而根據各實驗學校的不同課程，自學生也不一定要修習全部必修科目。如果完全採取個人自學，甚至可以完全迴避必修，這同樣能取得高中畢業同等學力，也仍有就讀大學的管道（譬如特殊選才）。

事實上，有不少中學生認為，與其花時間心力在必修科目上，不如轉往體制外教育，以換得更多自主選擇的空間。而某些體制內學生，則試圖休學一

理想與現實的落差

在某些事情上，描述理想很容易，但由於各種因素干擾，實際執行很困難，進而導致成效不如預期。許多人會說，這就是理想與現實的落差。

若能去除或扭轉不利因素，自然是最好，但有時這難以做到。若不希望理想與現實落差太大，那麼在釐清落差之後，可以嘗試幾種做法來削減它，譬如修改預期目的、設定各階段進度、尋求可行性更高的策略等。

無論你主張什麼做法或政策，最好都能先行設想，理想與現實可能有多大落差，並提出基本可行的應對方案。否則難免會招來「光說不練」、「紙上談兵」、「說一套做一套」之類的批評。

年來進行自我探索，好更加確定生涯規劃的方向。這反映出，現行的必修制度，已經和教育的原先目的——發揮潛能、實現幸福——產生了某種衝突。這才使得學生們轉往自學或考慮休學。

多半有人會說，這並非必修本身或教材內容的問題，而是教法與考試文化的問題。這一定程度也是實情，我就曾聽說：某次國文科段考出了文言文默寫，惹來學生抱怨連連；另一次沒有默寫，但出了難度較高的閱讀測驗，大家成績不太理想。後來有位老師強烈暗示學生，只要你把課文記熟，默寫題一定能拿到分，但閱讀測驗可就不一定了，所以出默寫題其實是為了學生著想。

雖然這只是傳聞，而不見得是普遍現象，但它應足以反映出，考試文化與教育理想之間常常有巨大落差。據此，許多人之所以主張廢除必修，真正動機可能在於迴避考試文化的弊端與壓力。

【提問】

要使教育狀況更為理想，我們可以從好幾個層面來進行改善，譬如必修科目、教材內容、教學方法或評量制度等，請問：

❶你認為，還有其他層面值得改善嗎？請列舉出來。

❷若按改善的優先性來做排序，你會怎麼排？為什麼？

由此可見，無論是從自學制度或削弱考試壓力的角度看，必修科目的強制性都會遭到質疑。對此，我們難以用內容優劣來為必修辯護，因為內容再好也未必能適用於每個人、未必能適用於各種不同的人生規劃，那還不如盡量開放自主選擇的空間。此外，就算內容真的既泛用又實用，如果它的本意會因考試文化而遭到扭曲，那原先所設想的好處，反而會變成學生被迫接受的壞處。

但反過來說，如果我們能夠創造優良的學習文化，再加上與時俱進的課程內容，則必修科目應該還是能得到多數人認同。尤其在民主政治與社會發展上，我們確實需要全體國民更能團結一致、達成共識，而這是需要教導與實踐的。

【提問】

你認為，若想讓未來的公民更能團結一致、達成共識，必修科目應該教導哪些能力與內容？請盡量列舉。

■未來教育該是如何？

我的核心論點在於，若某科目應該列入必修，由於它強制了全體學生修習，就必須提供充分理由，或說通過充分檢驗。

過往支持必修的理由，不外生活必備技能、專業必備基礎與民主社會進展等三點，但由於下列狀況，許多人認為必修內容有重新審視的必要：一、隨著社會快速變遷，必修科目受到「是否跟上時代」的質疑；二、我們一般認為，民主社會該讓人民有更多自主選擇的空間，教改方向也是如此；三、在適性學習的趨勢下，必修科目的固定內容，不利於發揮個人潛能。

誰負舉證責任？

許多時候人們會覺得：如果原本的做法，並沒有爛到讓人難以忍受，那就不用做出大規模改革，應該盡量維持現狀。

「維持現狀就好」的形成因素有很多，這裡只想說，它會有個強烈傾向，就是把舉證責任歸給反方。亦即，反對維持現狀的人，必須負責拿出明確的證據，證明現狀是不可接受的。或者更直白地說，反方才需要努力準備證據，而維持現狀者不用。

而反方的一種論述策略是，指出維持現狀者也應該負一些舉證責任，尤其在原本做法其實耗費不少成本時。

這若推演到極致，可能會出現「根本不該有必修」的結論。雖然我並不完全贊同這點，卻認為大家的確需要想一想，必修是否真有必要，又在哪些情況下必要。也可以說，我認為支持特定科目必修的人，應該負起舉證責任，告訴大家為什麼那需要強制學生修習。

也就因為如此，一種比較有公信力的方式，是設計一套必修測試，包括評分項目、評分標準以及評分人員的資格等。當然，大家對於細節多半會有不同意見，也許我們可以先蒐集幾個較可行的版本，然後看它們能為必修科目帶來哪些啟示。

尤其在實驗學校與自學風氣越來越普遍的情況下，我們其實已經允許某些學生擺脫必修。如果不早些開始反省必修的制度與內容，前述質疑加上考試文化的壓力，必修科目可能會與教育理想漸行漸遠。

第五題

政府真的可以管制言論嗎？

——劉維人

在〈如果我有言論自由，還需要為言論負責嗎？〉裡，我簡述了自由民主國家需要保護言論自由，但並不表示人民可以用言論任意傷害彼此。發表言論的人，以及某些時候有能力阻止傷害的人，都需要為言論造成的傷害負責。

當代的資訊環境，讓言論造成的傷害種類與力道、引發傷害的機制，以及容易受傷的族群，都與過去相差很大。目前我們已經知道，讓各種言論自由散播，完全不加以干涉，會引發下列問題。有些問題讓人民受傷害，另外一些問題則威脅人的自主決定、自由的言論環境，甚至民主社會的存續。

■根據錯誤的資訊採取行動

在保健、就醫、投資、法律這類高風險決策領域，錯誤的說法可能會帶來巨大傷害。以錯誤的草藥或飲食方式來保養身體可能會弄壞肝腎；罹癌時相信偏方可能會錯過關鍵治療時機；相信錯誤的理財觀念會讓你的投資報酬率減少好幾成，甚至把畢生積蓄投給垃圾標的而賠光；相信錯誤的法律或訴訟說法會讓你失去重要權益，甚至身陷牢獄。這些言論的傷害都需要一段時間才會爆開，但爆開的時候，受害者的身體、財務、生活安全已經受到不可逆轉的嚴重傷害。很多時候這些傷害甚至會連累到其他人。例如錯過黃金就醫時間之後，治療的成本會大幅上升，浪費醫療資源並威脅健保系統。

此外，這類言論也受不平等影響。你需要有優秀的中學教育才知道什麼是科學，什麼又是偽科學。你需要良好的通識教育才能知道該怎麼查資料。你需要長期處於開放的資訊環境，才能習慣尊重意見不同的人，知道哪些是仇恨言論。你需要在工作與家務之外留有餘裕，才能冷靜地判斷該相信哪些資訊、不該相信哪些資訊，並且不會用膝反射去轉發那些能造成傷害的言論。你甚至需要盡量擁有各種領域的朋友，或者擁有很多錢，碰到危機時才能及時找到專家，而不會用道聽塗說的辦法來因應，結果害到自己。

在真實世界中，資本是安全性的先決條件。擁有越多錢、越多知識、越多朋友、越高地位的人，越不容易被假訊息、仇恨言論所害。真的萬一被害到也越能很快

風險承受能力 & 安全性

每個人承受傷害的能力，以及規避風險的能力各不相同。窮人損失 10 萬存款所受的實際傷害，往往比富豪損失 200 萬還高。每天加班過勞的工程師，則通常更難好好評估哪種保健方式比較有效，以及哪種政策比較能解決某個社會問題。很多時候，用同一個量化標準去評估事情對每個人造成的影響，不但沒什麼實際意義，甚至可能會讓原本處於弱勢的人受到不成比例的傷害。

逃出來。反之，那些資本越少的人，就越容易被有害的資訊所傷。

【提問】

❶上述的資本條件你滿足了幾個呢？熟識的家人朋友老師又各自滿足幾個呢？你認為滿足比較多的人，跟滿足比較少的人，在生活上有哪些方面可能不太一樣？

❷如果某人被騙受傷，是因為受的教育比較差或工作太忙，你認為這要怎麼解決比較好？你的方法實行上會碰到哪些障礙？

■仇恨言論

仇恨言論是指讓閱聽眾對特定性別、族群、宗教，甚至特定政治立場的族群產生恐懼或恨意的言論。這包括說某些族群是「甲由」（蟑螂）、「好吃懶做」、「犯罪溫床」；聲稱同性族群「敗壞道德」、「噁心」；用「破麻」、「洗碗機」、「台女」貶低女性；用「番仔」貶低原住民；甚至包含某些情況下用「左膠」、「右蠢」、「藍蛆」、「塔綠班」去貶低和自己政治立場相反的人。

這些言論目前已經確定會造成許多傷害，包括加劇社會中既有的歧視、妨礙人們認同自己；讓少數族群或弱勢族群更不敢公開發聲、更不敢爭取自己的權益，造成心理傷害、讓人傷害自己，甚至社會集體屠殺。一九九四年盧安達政府在一百天內屠殺了八十萬人，其中某些媒體人士後來被控煽動種族滅絕，最終處三十年以上有期徒刑。而根據紐西蘭的調查報告，二〇一九年該國出現屠殺五十一名穆斯林的事件也跟 YouTube 上的仇恨言論有關。[1]

由於仇恨言論的傷害恐怖而具體，長久以來一直是討論言論自由界線時最常出現的對手。支持管制方最有

內團體偏誤

演化讓我們比較願意相信「自己人」說的話，比較懷疑「外人」的說法；同時也讓我們比較容易把說法相同的人當成「自己人」，說法不同的人當成「外人」。當一整群經常彼此互動的人都歧視同一個群體，就很難讓他們放下歧視。因為他們往往會說自己沒有歧視，而是那些說他們有「歧視」的「外人」帶有敵意、無法理性溝通、壓迫到他們的基本自由以及生存空間。

力的說法就是仇恨言論已經侵害了他人的重要權利，必須受到限制；此外也有人認為仇恨言論不僅本來就是為了促發傷害而生，而且從來都沒有要跟反對者辯論的意思，一開始就不屬於「真理越辯越明」或「讓我們更能自己決定要怎麼生活」的範疇之內。

反對管制方則認為，管制仇恨言論只會讓言論地下化，甚至還有可能讓一些人認為規則是在「偏袒」目標族群，因而更加仇視他們；有人則認為仇恨言論的界線很難畫清楚，很容易讓政府當成藉口任意管制言論。

值得注意的是，目前也有人以類似的理由，反對以「造成傷害」為由管制言論。除了如之前所述，言論造成傷害的因果關係很難證明以外，也包括「傷害」的類別非常多，不容易用某些通性來統括說怎樣算是「傷害」；而且心理的傷害又比身體的傷害更難判斷，更容易引起爭議。

【提問】

❶絕大多數守護言論自由的人，都不認為言論自由表示我們可以用言論傷害別人。但如果某套言論在A處不會造成傷害，在B處卻會，我們可以發布嗎？你在發布言論時要如何判斷自己是在A處還是B處？如果判斷錯了呢？你應該因此受罰嗎？

❷某些言論或行為並不直接貶低任何族群，但在某些脈絡下發表就會讓當地其他人非常不舒服，甚至心理受傷。例如刻意穿著納粹衝鋒隊的制服去一群猶太人的集會，或者去白恐受難者的集會高喊先總統蔣公萬歲。這種行為與言論可以列為仇恨言論進而禁止嗎？

■後真相

二〇一六年之後有一種現象從西方世界逐漸蔓延到全球：有些人在說法被新證據推翻的時候，既不承認自己的說法違反事實，也不說對方的證據搞錯了；反而繞過事證的真假，開始辯稱對方的說法只是一種詮釋、對方的證據是有心操弄的結果，或者整體的立場比枝微末節的證據更重要。這些試圖讓受眾低估真相重要性的說法，目前統稱為「後真相」。

如果你認為事情無所謂真假，只是各方說法不同；如果你認為世上無所謂道德，只是每個人的做事差異和文化差異，那麼你就無法跟別人認真地討論事情。因為假設每一種做法都只是個人的習慣和喜好，你就沒有合理的理由去說服別人照著你的方法做，也不能說別人的行為是錯的。

也許你會覺得這表示每個人都可以自行其是，沒有誰可以干預誰。但事情沒有這麼簡單，如果世上無所謂真假、無所謂道德，別人就可以用暴力脅迫你，畢竟那只是他的「做事習慣」，他甚至還可以說，他跟其他人都用好好討論的方式做事情，只有對你使用暴力，因為這是他們的「做事習慣」。

另外，如果你認為公開討論時的每一方都有陰謀，一切的主流報導、政府官方說法都是被操弄過的結果，每一份專家研究報告都收了賄賂，你跟人討論事情的過程很快就會碰壁，因為無論對方提出什麼說法，你都可以說他被操弄了或者別有居心，從理論上對方就不可能提出任何理由讓你相信。

實在論與反實在論

有些人認為「真相」是指一個外界獨立存在的東西，每個人各自用不同的方式去研究、描述，所以如果兩個人對同一件事情的說法衝突，要麼其中一個人搞錯，要麼兩個都搞錯。另一些人則認為每個人研究「真相」的方式，以及本身抱持的世界觀，都會影響到他蒐集到哪些證據，所以很多時候根本就沒有一個獨立於所有說法的「真相」；如果說法彼此衝突，只是因為每個人的出發點不同而已，沒辦法說是誰搞錯。

【提問】

❶在你目前思考過的議題裡面，哪些東西是有客觀真相，哪些東西相對起來比較只是每個人的意見不同而已？要怎麼判斷？如果你認為某件事情有客觀的真假對錯，而別人認為那只是個人意見，你要怎麼說服他？

❷有一群人判斷真假對錯的基礎，跟其他的人全都不一樣。而世界上沒有任何辦法判斷到底他們說的基礎比較像是真的，還是我們說的基礎比較像是真的。這群人認為我們的道德觀或政治決定是在傷害他們的權利，這種時候怎麼辦？

❸你看過以下的狀況嗎：張三和李四兩個意見領袖在評論同一件事。張三認為李四提出了錯誤的前提，或者用錯誤的邏輯在推論，要求李四更正，並呼籲自己的支持者不要相信李四的謬論。李四則宣稱張三只是在提出另一種詮釋而已，而詮釋並沒有對錯，所以拒絕回應張三的質疑。

你認為這種時候，討論要怎麼繼續下去？如果有一方是錯的，要如何讓這種意見領袖或支持者回心轉意？

■以違反民主的方式獲得政治權力

民主政體認為政策應該獲得人民的同意、反映人民的意見。所以政黨與候選人必須彼此辯論，證明自己比其他人更值得信任、施政更有能力；政策必須在國會中或公投前彼此辯論，讓民眾了解每個選項的利弊，甚至從中找出突圍的新方法。

如果政治言論都只使用抽象的語詞，不釐清每個概念是什麼意思、不討論願景打算怎麼實現、不說明目前的政策或政治人物有哪些問題，人民就根本不知道各方在爭執什麼，即使投下選票也很難說是反映自己的意志。如果政治爭論的過程並不真誠、不回應關鍵質疑，只摘取有利己方的片面證據；或者偷換概念、訴諸激情、不斷使用無效論證，開出只要認真想一下就知道不可能兌現的政策支票，甚至在批評他人

民主程序 vs 民主文化

民主不只是投票跟發言而已。無論是直接民主還是代議政治，言論跟選票都必須能夠表達出民眾的意志。如果民眾根本不知道自己在選擇什麼、不思考就投票，或者有人操弄了整個資訊環境呈現片面資訊、有人利用心理偏誤操弄人民的思考過程，那麼即使該國的政治程序完全民主，言論完全自由，執政完全沒有賄賂舞弊，實際的政治權力依然不在人民手上。

做法時完全不解釋怎麼做才是對的。我們就更沒辦法說政治決策以及政治辯論的結果擁有民眾的支持，因為民眾很可能是被騙了，或被操弄了。

但自從大眾媒體出現之後，政治人物和利益團體越來越常用操弄言論的宣傳方式爭取民眾支持或者攻擊政敵。他們僱用公關公司，以廣告行銷的說話技巧避開政策的爭點，不問對錯風險只求維持公眾形象；他們以政治修辭術，把某些大家都同意的關鍵概念——例如「拚經濟」、「公平」、「終結政黨惡鬥」、「和平」等等——轉成他們所實行的操作方式，讓批評者失去批評所需的語詞。有些團體甚至更為惡劣，會曲解統計資料或者刻意使用與爭議無關的數據來「支持」自己的論點；或者明目張膽地造謠，去欺騙那些不會花大量時間查證的選民。

事實上這些都違反自由民主的理念。自由民主社會讓人們自主決定要過何種生活、決定社會要長成怎樣。保障言論自由的重大目的之一，就是要讓人們充分發聲，讓各種言論彼此競爭和溝通，使每個人可以根據自己的意志去決定要支持哪個。如果言論自由的散播讓政治上的各種欺騙、公關、政治宣傳更普遍，這會讓大部分的人更難知道自己要什麼，於是決定政治的權力逐漸集中在有說話技巧、有傳播資源的人手上。

【提問】

❶列出五個你最常聽到的政治形容詞或政治名詞。你平常不談政治的時候會用到這些詞嗎？如果會的話，你平常使用的方式，跟人們討論政治的時候有什麼不一樣？

❷如果有一群人跟我們一樣會說「民主」這個詞，但他們的「民主」在我們的理解中是「極權」，我們的「民主」在他們的理解中則是幻想。這樣我們要怎麼跟他們討論民主和極權？

■混合戰

所謂的混合戰（Hybrid warfare），是指結合傳統攻擊、經濟與金融脅迫、輿論宣傳、操弄選舉、影響情緒和認知模式等方式，達成政治與戰略目標的戰爭方法。它在二〇一四年俄烏戰爭之後逐漸為人所知，當年俄羅斯在吞併克里米亞的過程中，激發烏克蘭特定族群的過去積怨、滲透菁英分子組織反守軍示威、用各種傳播手段散播親俄國家經濟發展強勁的印象、以電視和廣播散播北約正在籌備核武或者俄軍沒做出任何攻擊行動等假訊息。這些方式間接影響了該年克里米亞歸屬公投的結果，該公投以九七％的高支持度通過，克里米亞脫離烏克蘭成立克里米亞共和國，數天後加入俄羅斯聯邦。

混合戰的特色包括戰爭時間長、涉及範圍廣、侵略國很容易否認等等。侵略國在進行認知作戰時，會聯絡社群行銷（俗稱網路小編）、經營粉絲專頁、參與社群評論（達成「帶風向」的效果）、製作網路迷因、使用機器人轉貼或發布言論等等。侵略國可以利用這些方式製造不實印象、營造同溫層、破壞媒體與政府公信力、加劇社會分裂、必要時發動抗爭。人民一旦對政府不信任，政府的執政就會處處碰壁，國力變得很差。人民一旦相信錯誤的經濟或國防資訊，政府就可能迫於民意而做出效率很低的經濟或軍事防禦配置。人民一旦因為小差異而分裂導致互不信任，敵國扶植的候選人或政黨就能成功勝選，之後做出有利於敵國侵略的配置，甚至與敵國簽訂傷害我國的協定。

混合戰值得注意，是因為自由民主產生的不對等。自由民主國家多半守護言論自由，多半不會用武力互相侵略。因此混合戰可以說是只有自由民主國家會受害，只有專制國家能運用。如果讓這些國家用言論影響了自由民主國家，就可能危及言論自由的存續。以台灣和中國的情況為例，中國本身不重視言論自由，中國能運用混合戰侵略台灣，是因為台灣重視言論自由，如果台灣在混合戰的影響下和中國統一，成為箝制言論自由的社會，那台灣現在重視言論自由，還有意義嗎？

【提問】

❶你有沒有在社群媒體或通訊軟體上看過一些生活小常識或防疫建議，內容真假難辨或者真假交雜。整篇訊息完全看不出是誰寫的，轉發的人也不知道源頭在哪。甚至有些資訊根本不是用文字的方式傳播，而是刻意錄成錄音檔，讓你既無法複製文字也無法截圖？你覺得傳播生活小建議的人，為什麼會完全不想讓人知道自己是誰？這些人為什麼要刻意撰寫真假不明，或者查一下就知道內容為假的東西？

❷你有沒有碰過自己喜歡的插畫家、漫畫家、歌手、遊戲公司、手搖杯廠商在人權、自由、兩岸關係的爭議中發言相挺中華人民共和國，或者希望粉絲不要繼續挑起爭端？你對這種事件的看法如何？這些名人需要在粉絲面前保持政治中立嗎？他們需要為自己言論造成的政治影響負責嗎？如果需要，是負怎樣的責任？

■應對方案

讀完上述諸多挑戰，你可能會認為當代「就是應該」管制言論，「就是要」控制某些言論的傳播方式跟傳播能力。但仔細一想就會發現，即使某些言論真的就是應該管制，實際做起來也沒那麼簡單。

管制的方法可以非常粗略地分成兩種：訂定罰則、控制傳播。如果散播某些言論會受到處罰，人們散播之前就會有所忌憚；如果可以改變某些言論的傳播路徑或傳播門檻，言論要造成傷害的難度就變得更能控制。

這邊要特別一提：說到管制和處罰，人們通常都會想到政府，但這兩種方法都不只有政府能夠使用。群眾的撻伐與公審也是具有威嚇力的處罰，社群管理員刪除發文也是一種控制傳播；而搜尋引擎和社群媒體修改演算法，影響我們所看到的資訊，甚至人工審查我們所發的資訊內容，更是不折不扣的控制資訊傳播。以上方法都可以完全沒有政府涉入。

然而，就像自古以來的所有控管一樣，無論是訂立罰則或控制傳播，不僅都有可能效果不佳，也都有可能釀出比原本災難更大的問題。

訂立罰則

所有的審查都會碰到一個麻煩：如果標準不明確、有爭議，或者沒有充分讓全民都能輕易確認，那麼只要犯規會有懲罰，大部分的人就會多一事不如少一事，刻意避開那些可能有爭議的行為，不要惹禍上身。

畢竟幾乎沒有人喜歡打官司，也幾乎沒有人喜歡在網路上跟一大堆不知道從哪裡來的陌生網友解釋自己做的事情是正當的。而且光是要應付法庭和網友的質疑就非常勞心費力，需要大量的知識解釋能力、經濟支援、心理和社群支持。絕大多數人根本不滿足這種條件。所以如果發布某些言論**有可能**起爭議或被懲罰，絕大多數人會直接閉嘴，但這就造成了**自我審查**。

自我審查讓意見更難交流、人們更難判斷禁令是否有道理。這經常會使得被管理的人「揣測上意」，使得實際上受禁止的範圍比管理者最初發布的範圍還要大。此外，因為去討論言論禁止的紅線畫在哪裡以及畫得是否有道理，實際上就等於在討論被禁止的言論，這通常都會使禁止言論的標準不再是根據原則，而是根據掌握權力的人，使得社會逐漸走向威權，人們也越來越不懂在爭議事件中怎樣做才是正當的。

除了自我審查以外，另一個常見的問題就是**濫訴**。如果標準不明確，犯規卻有懲罰，就會有人基於無知或惡意而去「檢舉」他人的言論，讓對方被告上法庭或者陷入網路公審。這種彼此把言論當把柄的文字獄行為，只會更不利於整個社會找出真理真相，同時也會更傷害人們彼此之間的信任。

控制傳播途徑與傳播門檻

除了處罰以外，目前處理言論的另一種方法則是控制傳播過程，這包括刪文、調降觸及率，以及改變能看到言論的受眾。

這種做法不包含懲罰人民，而是由刊載言論的平台直接刪除言論、禁止使用者買廣告提高言論擴散率，或者利用演算法讓別人很難看到言論，或者讓一般人可以搜尋到你的言論，但特別容易被你傷害到的人很難搜尋到。這種方法不會逼你為自己辯護，所以不會讓你承擔巨額交易的訴訟成本，也不會讓你承受網路上的大量責罵壓力。

但另一方面，因為它略過了審判程序，絕大多數時候你在被刪文或調降之前不會知道。甚至在被刪了之後也不會知道。更麻煩的是，因為判斷程序並不公開，它經常變成一個**黑盒子**，你無法了解是哪些人根據哪些原則刪你的文，當然也更難知道他們到底有沒有討論。即使你在被刪文之後提出抗議，負責單位也可以用公關語言進行沒有說明的說明。

此外，如今網路上的言論多如繁星，營運平台的人為了提高效率，會使用機器來審核，這造就許多辨認錯誤。這種現象在臉書、推特都已經發生。許多人的發文莫名奇妙被刪，寫信去詢問或抗議卻只得到千篇一律的回應。

此外，當代社會的政治經濟制度，保障私人平台可以基於自己的立場或偏好來做事。如果我們把處理有害言論的工作交由這些私人平台來執行，就必須考慮他們會不會在執行的時候加入私人的偏好或立場。事實上臉書和推特在二〇二〇年的美國大選期間，就已經有某些刪文和報導涉嫌有利於特定政治陣營。

那麼如果讓政府涉入平台審查過程呢？可能會更好，但也可能會更糟。中國就是政府涉入之後反而更糟的例子。中國政府訂立多如繁星的敏感詞，同時也以模糊的規定禁止那些破壞社會穩定、傷害國家的言論，用這些理由來刪除網路上

實現規則的方式

在社會、政治、經濟問題上，很多時候實現規則的方法，比規則本身更重要。所有規則都需要人、機器、制度才能實現，而不同行為者各自有不同的特性，例如人有大量心理偏誤，機器無法「準確」地分辨「模糊」的東西、機關團體會顧及自己的利益、商業公司則經常把成本扔給社會承擔。這些特性讓它們各自擅長實現某些規則，不擅長實現另一些規則。把規則交到錯誤的手去實現，有時候比沒有訂定規則還糟。

的各種言論。實際上的管制規則因區域而異，非常紛雜，沒有人搞得清楚，網路上的言論經常莫名其妙地突然消失。

■管制以外的方法：優質的義務教育

有沒有不靠管制，也能降低假訊息、仇恨言論，甚至混合戰傷害的方法呢？理論上有，就是非常優質的義務教育。

事實上這就是大多數研究假訊息、大眾傳播、混合戰的相關專家目前認為最有效的辦法。他們認為由於假訊息本身就比真訊息更容易傳播，如果在假訊息出現之後才闢謠，只會讓散布者有更多機會去進一步傳播更多謠言，讓「造謠的一張嘴，闢謠的跑斷腿」。但如果閱聽眾已經初步了解如何辨別訊息的真偽與可信度，甚至本身就知道假訊息的製造方法和傳播技巧，在遇到假訊息時通常就能第一時間辨認出來。

這種方法跟接種疫苗很像。如果你很難防止病毒傳播，疫苗就變得非常重要。目前許多國家都開始推行媒體識讀（media literacy），盡量讓更多人能夠準確判斷資訊的正確度、言論的預期目的與效果，讓有害和錯誤的言論在傳播的過程中就「止於智者」，無法繼續擴散下去。

如果要讓社會上大部分的人都能夠免於言論對自己、親友、社會帶來的傷害，義務教育至少需要讓我們擁有以下幾項能力：

- 查證資訊來源的能力、判斷資訊真假的能力，並了解媒體的營利本質。
- 分辨事物是否科學的能力，以及用科學的方式推論事物的能力。
- 判斷體制與文化是否民主的能力，以及用民主方式在公領域決定自己要如何生活的能力。
- 以平等尊重的方式彼此溝通意見的能力，以及為自己的言論和行為負責的能力。
- 了解最常見的各種心理偏誤，以及每個人都有情緒需求。
- 了解個體決策的作用機制、集體決策的作用機制。能夠以最基本的賽局理論推導出共同抉擇時的可能後果。

要培育這些能力，目前的義務教育想必得經歷相當巨大的變革。但每一項目標的效果一旦出來，都可以明顯提高我們的公民素養。可以想像的是，在一個大部分人民都具備以上能力的社會，根本不需要管制言論，也可以免除言論造成的絕大多數傷害。如此一來言論自由的爭議自然也就消失了。

【提問】

在〈政府真的可以逼人受教育嗎？〉裡，我們討論了「義務教育」和「必修」需要的舉證責任。讀了上面這些說法後，你認為義務教育可以，或者應該有哪些改變？

■結語

雖然言論自由在當代社會引起很多爭議，但言論自由依然還是自由民主國家必須守護的核心價值。只是自從二十世紀大眾媒體出現以來，言論的傳播方式、公共領域的樣貌，以及人們閱讀、發表言論的能力與條件都快速改變當中。而二十世紀末進入網路時代之後，這些改變的速度更是不可同日而語。

這些科技進步跟社會的改變，都會影響言論造成的效果。例如假新聞大概幾千年前就有了，但在不同的時代當中，假新聞傳播跟造成影響的方式都不一樣。所以無論你認為，言論是否應該完全不受干預，如果要干預的話應該怎麼干預，你都應該去面對那些社會中真實存在的挑戰，並且為自己支持的做法負責。而因為當代世界非常複雜，一個人很難想出足夠縝密的結果，所以你應該時時跟別人討論。

我們需要言論自由，因為我們需要彼此尊重，需要讓每個人表達自己，需要讓社會的規則獲得人民的同意，然後需要找出真相。在目前日新月異的環境之下，你覺得要達成言論自由的理想，怎麼做比較好呢？

1 見〈紐西蘭基督城大屠殺51死　兇嫌：看 YouTube 影片萌生殺意〉，自由時報。網址：https://news.ltn.com.tw/news/world/breakingnews/3377709。

第六題

#MeToo 運動是小題大作嗎？我們該如何看待「自警行為」？

——陳紫吟

#MeToo 指的是：性犯罪受害人在社群網站上發布貼文，揭露自己的受害情況或事實，並加上「#MeToo」這個短語，它是一種受害人發聲的方式。早在二〇〇六年，美國社運參與者伯克（Tarana Burke）就開始相關運動，除了幫助性暴力受害人找尋「康復」途徑，也希望強調性暴力就在你我身邊且影響深遠，並舒緩倖存者在社會上的汙名。然而，遲至二〇一七年，這項運動才受到較廣泛的關注並走出美國。二〇一七年，知名電影製作人溫斯坦（Harvey Weinstein）犯下的多起性犯罪被揭開，演員米蘭諾（Alyssa Milano）提到了這個點子：如果每個曾遭受性騷擾或性侵的女性，都發文寫上「#MeToo」，或許人們比較容易理解這個問題有多廣泛、多嚴重。

此後，人們真的開始使用 #MeToo 標籤，揭露自己過去遭遇的性騷擾或性侵。有些人只是想表達「性犯罪並不少見」，因此未必會提及加害人姓名，也有人已無法訴諸司法（例如已過追溯期或證據已不存在），所以只能選擇發文。雖然不是所有貼文皆有明確提及加害人的姓名、性別，而這些受害人也不全是女性，但整體上 #MeToo 運動時常被看作女性的反擊。

#MeToo 這種不訴諸公權力，而訴諸網路公眾的行為，被一些人稱為「（網路）自警行為」（digilantism）。身為自警行為的實踐者，我想藉這篇文章說明自警行為的做法和精神，並討論一些常見質疑。這篇文章討論的某些問題和論點，可能會讓人感到不舒服（這種時候可以暫停閱讀，休息一下），然而這些問題和爭論都確實存在，它們可能來自課堂討論、陌生人的發問或甚至是我

們自己。我希望能協助大家建立心理準備，在將來能更好地面對這個處處缺乏共識的社會。

■什麼是自警行為？

除了現實生活的騷擾，現代人在網路和線上遊戲也不得安寧。根據市調公司 Reach3 Insights 跟聯想的調查，近六成女性玩家會為了避免騷擾，改變自己在連線遊戲裡的暱稱、角色和發言形象，避免被別人認出是女性。[1]

同樣的事情也發生在遊戲之外的討論區和社群平台，許多女性收到騷擾和威脅人身安全的訊息，並因此猶豫是

行為的不同結果

有些人傾向認為，無論理由如何，「隱藏自己的身分資料」就是說謊，同時也是一種可能傷害他人的行為因此必須避免，也就是說「女性在遊戲裡隱瞞身分」除了會達成「避免被騷擾」的結果，「傷害他人情感」則是另一個可能的結果。但在評價一個行為所產生的結果是否應由行為人來負責之前，一個重要的判斷要素應是「行為人是否確實能從中獲益」，例如詐騙集團會因受害人被騙而獲得金錢，因此詐騙集團成員應為欺騙行為負責，然而女性無法因為「陌生人相信自己的遊戲暱稱是真名」就獲得好處。無獨有偶，我們也可以試著思考：為了不失禮貌地逃離找上自己攀談的推銷員，我們是不是可以欺騙對方自己趕時間。

否應該繼續於網路平台發表意見，或至少是否應該隱藏身分資料。

除了受害人多半為女性，性犯罪和「網路騷擾」的另一個共通點在於受害人不容易採取有效的法律行動。性犯罪的證據蒐集和保存皆不容易，[2] 而網路騷擾在許多國家受到言論自由保障。由於無法訴諸法律，部分受害人只能採取自警行為來訴諸公眾，例如在網路上陳述曾經遭受的傷害、公開自己收到的騷擾私訊等等。

【提問】

❶你上次在網路上因為別人的言論或反應感到不舒服，是什麼時候？

❷在網路上，當大家遵守怎樣的發言規範，會讓你覺得比較能安心參與討論？

❸若你的朋友貼文抱怨自己受到網路騷擾（你的朋友不見得有意，不過這其實就是一種自警行為），你會如何回應或幫助他？

有些人雖然承認網路上存在有種種騷擾和攻擊，但也對反制的自警行為感到不安，以下是一些常見的反對理由及相應的思考。

■自警行為，支持？反對？

許多自警行為只是小題大作

當女性在網路上抱怨、批評和揭露男性的「惡行」，總會有留言者認為這只是小題大作：男性很可能只是不帶惡意地對女性提出性邀約，或開了一個無傷大雅、與性有關的玩笑，卻被過於憤怒的女性當作壞人、公開批評。照這說法，男性就是只因「小事」被公開揭露，很無辜也很可憐。

然而，誰來決定怎樣算是「小題大作」呢？

相較於反對者的顧慮，支持者則認為自警行為剛好給我們重新思考的機會。例如，在過去的戀愛觀裡，許多人傾向認為，如果喜歡一個人，就應該把對方當作一個「絕對要得

價值觀與法律

社會上價值觀的變化與法律的修訂往往相互關聯，考慮到法律的普遍性特色，有些人因此認為「應該等所有人的價值觀都一致時才進行法律的修訂」，類似的想法在跟騷法和同性婚姻的討論中都曾出現，然而此種說法實際上是忽略了法律的其中一項功能——教育，一些重要的價值觀實際上必須仰賴法律的制定才能進行更好的傳遞。

到的目標」，因此不屈不撓的追求手段容易被視作專情的表現，也在各種影視作品裡被當成浪漫的行動。然而近年來有越來越多的人認為這其實是一種騷擾，更催生了《跟蹤騷擾防制法》來處置。

在過去，人們傾向認為自然資源是取之不盡、用之不竭，因此並沒有現在的人通常有的節省能源的觀念；而在土地利用方面，過去的人以作物的經濟價值來評估該栽種哪些植物，但現在許多人則傾向認為，在考慮經濟價值之外，也應該顧慮水土保持的問題。意見交流會改變社會價值觀，改變我們對於哪些事情ＯＫ、哪些事情不ＯＫ的判斷，在這意義上，許多自警行為同時也是在交流意見，提出自己認為「哪些事情ＯＫ、哪些事情不ＯＫ」的看法。

【提問】

想想看：

❶我們需要為「怎樣的事值得公開批評」設定一個標準嗎？如果應該，那這個標準該怎麼訂？如果不應該，那我們還可以說別人是小題大作嗎？

❷你是否有過被人批評小題大作的經驗，或是剛好相反，你是認為別人才是大驚小怪的一方？這兩種經驗都可能讓人心情不好，你認為心情的好壞和我們決定要支持或反對自警行

為有關嗎？

人無權審判其他人，除非你是法官

就算那些被自警行為公開揭露的人確實有問題，這些問題也應該訴諸法律處理，而不是訴諸大眾。「公審」結果難以預測，我們無法確認「加害人」是否承擔了大於其「罪行」的後果。

然而，法律有其極限

法律並非萬能，許多受害人由於證據保存不及、遭受威脅或年代久遠，只能獨自承擔痛苦。此外，自警行為的目的不見得包含審判加害人。事實上許多採取行動的人甚至不會揭露加害人身分，對於這些行動者來說，更重要的是發聲和陳述，讓受害經驗有機會被說出來，讓社會理解性暴力的存在狀況。

【提問】

想想看：

❶假如你支持自警行為，你認為有什麼好方法可以舒緩或解決另一方擔心的「被批評者承擔了大於其行為的後果」的問題？

❷假如你反對自警行為，你認為有什麼好方法可以舒緩或解決另一方擔心的「受害人只能獨自承擔痛苦」的情況？

若有人受誣陷怎麼辦？

倘若被公開揭露的「加害人」其實不是加害人，而只是被誣賴，那他的名譽也已經受損。若沒有平反的機會，終生都要忍受異樣眼光、身心備受煎熬。萬一他這輩子就毀了，那怎麼辦？

然而，另一難處是黑數

這個問題其實是個兩難。誣陷當然是可能的，然而若為了避免誣陷而全面反對公開揭露性犯罪，則會加劇本來就存在的性犯罪黑數問題。在眾多犯罪中，性犯罪很特殊：

①許多文化讓性犯罪受害者覺得羞恥，甚至受到譴責。
②性犯罪的證據不容易蒐集和保存。
③性犯罪時常發生在權力不對等的熟人之間，例如親戚、師生、長官與下屬。

這些都讓性犯罪不容易浮上檯面，也讓受害人光是揭露，都得承受巨大壓力。若社會基於誣陷的可能性，去反對和譴責那些指控性犯罪的人，會進一步增加壓力，加劇上述困境。事實上我們也有理由相信性犯罪在「擔憂誣陷」這方面也相當特殊，對於其他犯罪揭露，例如在網路上公開指責某人借錢不還、老闆

無罪推定原則

無罪推定原則是國際上公認的準則，它的重要功能正是在於保障人的權益、避免任何人在證據不充分的情況下被定罪，由於此原則廣為人知、在多數情況下也被廣泛接受，看似與此原則背道而馳的自警行為因此很難被部分人接受，然而一個可以思考的方向或許是：正是因為我們必須遵守無罪推定原則，所以無法輕易地訴諸法律，而是必須退而求其次，尋求其他救濟管道。

受限於篇幅，這篇文章未能更進一步探討關於性犯罪的誣陷問題，事實上，已有許多學者針對該問題進行過研究，例如心理學家利薩克（David Lisak）和法律學家尼克薩（Sarah C. Nicksa）等人[3]藉由蒐集和分析性侵案件發現：在那些正式提出告訴的性侵案中，只有極低的比例屬於誣陷。美國作家紐曼（Sandra Newman）[4]也觀察到，那些被誣陷的案例不只很少發生且被誣陷為加害人的人幾乎皆未承受嚴重的後果；此外，那些誣陷案例發生的模式幾乎一致，在未成年少女的部分，她們之所以捏造、假裝自己遭遇性侵多半是為了逃避監護人的責罵，有時是因為懷孕、有時則僅因為晚歸，她們的目的並非誣陷人，也不打算提告，若這些事件最終進入法庭，多半是出於受騙的監護人之堅持。另一方面，誣陷性犯罪的成年人，多半有捏造事實或詐騙的前科，是為了個人利益或為報復某人等原因而誣陷人為性犯罪者。此意味著，執法人士有機會區分事件是否屬於虛構。需要強調的是，對此類誣陷者而言，「性侵故事」也僅是他們為達目的的其中一個手段。也就是說，如果我們基於「避免誣陷」而呼籲停止 #MeToo 運動，那出於相同原因，我們恐怕也應該呼籲停止所有受害事件的陳述，比如遭逢車禍或遭竊。

壓榨員工，似乎相對比較不會引起是不是誣陷的擔憂。誣陷當然很糟，但我們也應該想想，社會對於這些事情的既定觀念，是否對性犯罪受害人特別不利。

【提問】

❶假如我們無法完全避免誣陷問題，就應該反對自警行為嗎？
❷相反地，假如黑數問題始終存在，我們就應該支持自警行為嗎？
❸我們可以說自己「保持中立，不做選擇」，但這是否也是一種選擇呢？

自警行為會強化人們「女性比較脆弱」的刻板印象

「自警行為」常針對男性，這不僅對男性不公平，對採取行動的女性也有負面影響，當女性將自己的受害遭遇訴諸於媒體或社群網站，那可能會強化女性的受害者及弱勢形象，對促進性別平等將有所阻礙，例如使人們持續相信女性天生就不適合擔任像是國防部長這類「陽剛的」職位。

然而，自警行為顯示受害人有能力採取行動

如同許多學者[5]指出的，社會對性犯罪受害人常有錯誤迷思，例如：

①誤以為受害人沒有能力（缺乏資源、人格不夠堅定、情緒不夠冷靜等等）指控加害人，只能脆弱無助等待別人幫忙。

②誤以為那些看起來夠強勢、不好欺負的人，不會成為受害人。

你可以想像這些迷思如何讓我們做出錯誤判斷。著眼於此，有些人認為，當受害人採取自警行為，也證明了自己有積極行動、強硬對抗的能力，因此有助於舒緩上述迷思。

誰該負起責任去改變社會？

關於「刻板印象」的鞏固或破除，另一個可以思考的方向是：誰才應該（或是更應該）為此負起責任。也就是說，即使我們假設「採取自警行為的受害女性會強化女性比較脆弱的刻板印象」為真，也不代表這可以成為我們反對自警行為的好理由，因為破除刻板印象的責任不應該是（或者，不應該只是）特定人的責任。

【提問】

根據衛生福利部的統計，在過去十幾年間（二〇〇八—二〇一九），我國性侵事件通報的受害人有超過八成皆為女性，你認為這代表「女性比較脆弱」嗎？

■回到 #MeToo 運動

#MeToo 運動是自警行為的一種，因此上述反對和支持意見都適用於 #MeToo 運動。以下我們看看一些實際的 #MeToo 案例和爭論，我們可以藉由這些案例更具體地思考上述雙方意見。

二〇一七年五月，日本前記者伊藤詩織召開記者會，說明自己於二〇一五年時遭到前任長官山口敬之性侵。伊藤詩織是日本有史以來第一位公開自己長相和姓名的性犯罪受害者，她的一連串的舉動（無論是出書或是對加害人提起告訴）被視為 #MeToo 運動開始在日本延燒的導火線。伊藤詩織受到許多支持，也受到許多批評辱罵，例如評論家小川榮太郎就批評做出伊藤詩織勝訴判決的東京法院民事庭只是「曲學阿世」（媚俗），更有人嘲諷伊藤詩織只是「陪睡求職失利」。

在香港，首先響應 #MeToo 運動的公眾人物是跨欄運動員呂麗瑤，她在二〇一七年十一月時，於社群網站揭露自身經歷：在青少年時期曾遭教練性侵。她並沒有提到加害人的姓名並表示發文只是為了以下三個目的：喚起大家對兒童性侵犯的關注；鼓勵受害者勇敢站出來；讓大眾明白性議題並不是尷尬、羞恥或不可公開討論的事。她的舉動將 #MeToo 運動引入香港，卻收到許多批評，有人認為呂麗瑤只是在「跟風」，也有許多人主張呂麗瑤該做的事情是報案而非公開發文，並認為後者對教練不公平，因為教練將沒有反駁的機會，儘管呂麗瑤未提供辨認其身分的線索。也有人語帶諷刺地質疑呂麗瑤為何事發當時不報警，是不是為了包庇罪犯。此外，由於呂麗瑤在貼文中亦提及，在事件發生後的幾年曾有段時間仍對教練懷抱感激之情，也持續邀請教練參加自己的生日派對，有些人因此認為性侵事件未曾發生，因為「真正的」受害人不可能有後續的那些舉動。

【提問】

想想看：

❶你認為有「真正的」受害人樣貌嗎？如果有，真正的受害人應該是什麼樣子？

❷目前許多國家在偵辦性犯罪相關案件時，會以受害人在事後與加害人的互動狀況當作參考證據，以來判斷犯罪事件是否發生，你認為這樣的做法是否有道理？

另一個備受討論的案例發生在北美。二〇一九年，遊戲設計師奎因（Zoe Quinn）指控加拿大遊戲製作人霍洛卡（Alec Holowk）性虐待。這項指控使得霍洛卡飽受批評，並於該年八月選擇結束生命。誠如上一節所提到的反對意見二（只有法官擁有審判權），許多人為霍洛卡的遭遇抱不平，認為是奎因與 #MeToo 運動害死了霍洛卡，就算霍洛卡真的犯下重罪，也「罪不至死」。在此案例之後，依然支持 #MeToo 運動的人則指出：「#MeToo 運動害死霍洛卡」這樣的說法過於草率，他們主張，遭到指控的加害者所受之批評或其他負面待遇的責任分配的問題應該需要經過審慎評估。

【提問】

想想看：

❶你認為是誰應該要為霍洛卡的死亡負起責任？

> ❷承上題，在此案例之後，有些人認為 #MeToo 運動或許確實有支持者所宣稱的那些好處，但整體而言弊大於利，因此不該繼續鼓勵人參與 #MeToo 運動，你認為這種說法有道理嗎？

■結語

這篇文章大部分的篇幅都在討論和回應反對自警行為的論點，因為這些論點就是自警行為議題最具爭議之處。本文的重點並不在於說服你去反對或支持自警行為，而是希望藉由這些爭議，來呈現此議題裡經常受忽略的內容，例如：

①自警行為很多元。事實上，就連 #MeToo 運動都有各式類型，例如，許多參與者並未公開加害者姓名以及足以辨認出加害人是誰的線索，因此沒有導致被指控的加害人遭受負面後果的可能。

②法律的實際守備範圍有限。現行法規雖然保障所有人的權益，但對於那些受害比例特別高的群體而言，現行的法律很可能不敷使用（也就是說，受害人很可能是因別無選擇才採取自警

行為）。

③自警行為可能有其他正面效益。例如肯認受害人採取積極行動的能力。

然而，我們另外還需要注意的是，在自警行為發起之後，其實不代表事件的結束，受害人很可能仍有創傷問題需要面對；此外，反對自警行為者的意見也可能對參與者帶來壓力。基於此，有些人認為，自警行為很可能不如伯克所言「是一種有益於受害人的康復途徑」，反而可能對受害人造成二度傷害，因此認為不該鼓勵受害人採取行動。

【提問】

想想看：

❶你認為「把事情說出來」有助於受害人的康復嗎？

❷如果你有寫日記或週記的習慣，你認為 #MeToo 運動和平常寫的日記、週記有什麼差別？

❸承上，假設 #MeToo 運動的相關貼文就像是寫了不開心事件的日記，你認為我們應該規定大家日記或週記只能寫開心的事嗎？如果讓人難過的事在書寫之後能讓人心情變好，我們

就應該鼓勵大家寫嗎？相反地，假如寫了心情也不會變好，就應該改寫其他開心的事嗎？

無論如何，在受害人願意承擔遭受二度傷害風險的前提之下，若社會相關制度尚未完備，且明顯有特定群體頻繁地受到傷害，我們恐怕很難反對「最低程度」的自警行為，至於哪些自警行為屬於可行，哪些應該被禁止，則有待更進一步的討論。

身處於網路便捷時代的我們，擁有比以前更多的發聲管道，卻也面臨著新型態的犯罪及其所帶來的危險。然而，法律制度的修訂往往跟不上科技發展的速度，在使用網路這件事上，是否應該遵循某些潛規則以保護我們自己也避免傷害別人，就恐怕不會是法律可以教我們的，我們很可能需要依靠自己以及周圍的人的力量，找出答案！

1 見〈調查揭露將近6成的女性玩家會隱藏自己的性別避免騷擾〉，遊戲角落。網址：https://game.udn.com/game/story/122089/5474941。

2 造成此類犯罪證據保存不易的原因有很多，包括但不限於：性犯罪通常發生在一些隱密或私人的空間；此外，由於性教育的缺乏以及犯罪行為所帶來的衝擊，很多受害人並未在第一時間意識到自己受害的事實。

3 Lisak, D.& Gardinier, L.& Nicksa, S. C., & Cote, A. M. .2010. " False allegations of sexual assault: An analysis of ten years of reported cases. " *Violence Against Women*. 16:1318-1334.

4 Newman, Sandra.2017. "*What kind of person makes false rape accusations?*"網址：https://reurl.cc/v5OKmN。

5 相關文獻例如：Mardorossian,Carine. 2014. *Framing the Rape Victim: Gender and Ageney Reconsidered*. New Brunswick: Rutgers University press；王曉丹，〈重讀性暴力受害者——改寫能動性與脆弱性的意義〉，王曉丹主編，《這是愛女，也是厭女：如何看穿這世界拉攏與懲戒女人的兩手策略？》（台北：大家出版，二〇一九），頁二三八—二五八。

III

說真的這干我什麼事？

第七題

異性戀是天生的嗎？我們該如何看待性傾向？

——蔡雅婷

「你什麼時候發現自己是同志的？」

很多同志都被問過這問題。根據台灣同志諮詢熱線的調查，同志發現自己性向的時段，早到幼稚園，晚到大學或出社會後，但大致以中學為大宗。人在各年齡都可能發現自己喜歡相同性別，但根據同一份統計，要把這件事情跟身邊的人說——也就是出櫃，通常會等到上大學之後，可以離開家裡或者有更多自由空間的時候。

出櫃不代表畢業，因為身邊的人會有各式各樣的問題：「你能不能變回來？」、「你可不可以不要當同志？」、「同性戀可以矯正嗎？」、「這是先天的嗎？」甚至家長可能會問：「你會變成這樣，是不是我們做錯了什麼？」不過反過來說，我們似乎不會問異性戀這樣的問題：「你是男生，為什麼不是喜歡男生而是喜歡女生？」、「你是受到什麼影響，才成為異性戀？」當然，家長也多半不會有意見。

【提問】
我們對待同性戀和異性戀的方式，為什麼會有這些差異？這純粹是比例的懸殊導致的嗎？

在一九九六年十月，台北廣播電台的同志節目《台北同話》就做了這樣翻轉的「實驗」，在那次節目裡，他們假設世界上異性戀才是少數，邀請來賓分享自己身為異性戀的經驗，並回答主持人一連串的問題：[1]

「你幾歲發現自己是異性戀？」、「請問異性戀是天生還是後天？」、「是不是家庭不和諧的孩子，長大後容易變成異性戀？」、「異性戀有沒有辦法徹底治療？」、「發現自己的孩子染上異性戀惡習怎麼辦？」、「社會應該對於異性戀給予哪些幫助，以伸出援手、協助他們？」。

據主持人喀飛的說法，我們只要把「同性戀」換成「異性戀」就能讓整個情境變得荒謬又好笑，這更能顯示一些看似良善好意的說法背後，其實有討論空間。像是我們一般不會問別人「你幾歲發現自己是異性戀？」，或者「請問異性戀是天生還是後天？」如果異性戀不需要向旁人說明自己是如何成為異性戀，那為什麼同性戀需要？或者說，不管同性戀或異性戀，有「成為」這回事嗎？

用類比凸顯荒謬

如果要凸顯對於特定社群是否友善或者所有身分是否都被合理對待，只要將用來問該社群的問題改成另一個社群，就可以凸顯該問題合理與否。

■性別典範：男生該有男生的樣子，女生該有女生的樣子

一個人該是什麼樣子，雖然沒有法律規定，但還是有社會規範籠罩，就算我們的選擇沒有妨礙別人，我們依然並非完全自由。我們的社會為不同性別準備了不同的「性別典範」，例如，若你出生時是生物學上的雄性，那你最好認為自己是男性、最好讓自己看起來陽剛、最好對女性而不是男性有性慾，否則可能受到異樣眼光、霸凌、失去工作和交朋友的機會；反之，若你出生時是生物學上的雌性，那你最好認為自己是女性、最好讓自己看起來陰柔、最好喜歡男性，否則……。

然而，這些性別典範並不適用於所有人：

- 有些人出生時是雄性，但在性別認同上認為自己是女生。
- 有些人出生時是雄性，也認同自己是男生，也喜歡女生，但因為在性別氣質上看起來並不陽剛，所以會被說是娘娘腔。
- 有些人在性別認同上與自己的原生性別相符，性別氣質也很符合社會認同的樣子，可是喜歡的是同性，這時候他們就會常被評斷「怎麼可能？你看起來一點都不 gay 啊！」、「妳這麼女生，看起來很不像女同志欸」。

・當然也有反過來的例子，有些女生剪短髮穿長褲，就直接被預設成女同志。

性別典範不單單影響我們如何待人處事，也影響我們有什麼法律和政策。例如，我們常聽到有人主張「婚姻本來就是一男一女結合而成」、「同性戀不正常」。一些同志朋友會說，不是台北人的他們必須離開家鄉，到了台北才能當同志。在二〇一一年時開始做起原住民同志倡議的朋友，被電視拍到他穿著族服走在同志遊行中，就接到部落中爸媽的電話，要跟他斷絕關係，不准他回部落。這樣的衝突全世界都有，在二〇一二年發行的紀錄片《苦楚我名》（*Call Me Kuchu*），拍攝烏干達同志處境，影片中，信仰基督教的政治人物與來烏干達傳福音的外國傳教士聯手宣傳基督教的價值觀：「我們烏干達的傳統就是一男

不科學的預設

我們在醫學上已經發現很多同時有雄性與雌性性器官的人，以及兩者都沒有的人；也有很多自我的性別認同與原生性別不同的個案。而不只是人類會受同性吸引，動物研究者也有很多關於不同的動物的同性戀傾向的研究事證。我們可以從既有的自然事實知道生理性別、性別認同、性傾向是不同的概念。因此在論述時，除了不要混用這三個不同的概念，以及可以思考為何這三個概念所指涉的自然事實在排列組合後可以用來反駁社會的性別預設。

一女神聖結合，同性戀是不能被接受的……。」

在台灣，也有人將宗教使命感帶入校園，推廣他們認為該有的性別典範。例如「彩虹媽媽」這個基督教團體聯繫許多國中小，免費提供「在早自習時間陪伴孩子，減輕學校老師負擔」的服務。在早自習的教室裡，曾有彩虹媽媽要求孩子簽「守貞卡」，並且宣導「女人的性是神聖的禮物，不能隨便給別人，只能給丈夫」、「如果隨便跟人發生性關係，就會像是被嚼爛的口香糖」。

性別典範甚至影響我們如何面對親人。當孩子出櫃，一些父母情緒崩潰、不敢主動對親朋好友提到自己的孩子，甚至要求孩子接受非法的「矯正治療」等。這些無法面對孩子出櫃議題的父母，我們稱為「櫃父母」：孩子出櫃，父母不知所措，無法表達支持，也無法與他人訴說。孩子鼓起勇氣出了櫃子，卻輪到父母躲進櫃子。

同志諮詢熱線長期以來也受理櫃父母諮詢，[2]他們發現多數父母之所以無法接受孩子的性別認同和性傾向，是因為他們經年累月接收關於同志的負面資訊，像是情殺、[3]用藥、[4]愛滋、[5]自殺。[6]二〇〇〇年葉永鋕事件後，在許多人的努力下，台灣於二〇〇四年通過《性別平等教育法》，希望阻止類似的悲劇，並且開始推廣多元性別平權教育。接下來隨著網路發達和各種公眾、政治人物正面表態後，媒體才有越來越多跟同志有關的正面報導。[7]但對於觀念已經底定的為人家長者來說，想法的改變並不是一、兩天就能做到的。

【提問】

❶有人認為「喜歡同性」是後天受社會文化教導出來的，那你認為，「喜歡異性」是否也是後天造成的呢？為什麼？

❷我們從出生就活在一個假設所有人都是異性戀的社會，接觸到的故事、連續劇、電影等等，當中大部分角色都是異性戀，甚至許多作品的主題就是異性戀愛情。在這種情況下，你是否認為我們從小就被教導要成為異性戀呢？換個角度想，如果這是一個假設所有人都是同性戀的社會，又會發生什麼事呢？

■「男不男女不女」的下場

若你離社會給你的性別典範太遠，可能會被處罰，以下是一些常見的處罰方式。

貼標籤

有些男生會被說是「娘娘腔」，這在當前社會不是讚美，而且理由五花八門：比較感性、不喜歡跟人起衝突、喝軟性飲料等等。社會對於不符合陽剛特質的男性很有意見，也容易譴責表現出脆弱的男性。

若對象是女生，標籤的「選擇」就更多了。從母豬、恐龍妹、北港香爐、公車、飛機場等，各種針對外貌、身材、性的標籤任君選擇。值得注意的是，很多時候流言蜚語就足以決定一個人的形象，當一個女學生被同學認為「看起來很高傲其實性生活放蕩」、「跟全班男生搞過」，有可能其實她只是曾經「拒絕了特定男性的追求」因而遭到報復。從幼兒園開始，貼標籤就是人類攻擊人類的方便手段，散布和傳

比較擁抱社會期待與反抗的難易度

很多聲援多元社群者會把反抗社會期待想得太容易，例如會很輕易聲稱「只要同志們都出櫃，社會就會知道同志人也很多，社會價值自然會調整」；也會有反對者提問「如果同性戀很正常，為什麼要躲躲藏藏？」；有些中立者也會聲稱「社會已經很友善了，是同志自己嚇自己」。通常我會鼓勵提出這樣論述的人們，在職場、校園、生活圈、父母前嘗試提出自己喜歡上同性別的人，看看你的環境會怎麼回應你。如果不敢嘗試做這樣的實驗，我會追問對方不願這麼做的原因是什麼。

遞標籤的人不會檢查其合理性，而被貼的人則疲於奔命。

制度性的偏見

有時候，如果你為了做自己而太不管社會眼光，社會制度就不會保障你。二〇一九年之前，同志婚姻還沒合法化，同性戀者與自己的伴侶就算共度數十年寒暑，在法律上依然是對方的陌生人。制度性的問題不僅限於法律，原生家庭在同志孩子出櫃後不願意給予支持，甚至趕出家門的比比皆是。在這些壓力下，很多同性戀者只能隱藏起自己的認同，聽從父母的交代與異性結婚，生兒育女傳宗接代。

與同性戀結婚的異性伴侶，男性稱為「同夫」，女性便是「同妻」。有些同夫同妻們一開始就知道伴侶的性傾向，就當作是幫朋友一把。但有些同夫同妻完全不知道，直到發現性生活短缺，才感到疑惑甚至自卑。有些同志為了躲避家人的期待而離鄉背井不再回去，單身至老。彩虹公民行動協會曾經接到一名老伯的「告解」電話，說自己六十幾快七十歲了，這輩子不敢承認自己是同性戀。最近才決定開始做自己，接下來要走人生第一次的同志遊行。

在職場上，同志也經常無法公開出櫃。二〇一九年一名同時擁有男女兩性器官的雙性人在柯達飯店敦南館上班，在告知主管自己的雙性人身分後，被主管命令說，她如果要留下來工作，就得將性別狀況親自告知所有的同事，並且「如果有人有不舒服或異議，妳就得離職」。[8]在二〇二〇年一月同志諮詢熱線與彩虹平權大平台做的同志職場調查裡，填答的兩千一百二十一名同志中，有在自身職場出櫃的人僅三八．一%，完全沒有跟親友、同事及主管出櫃的人則占一〇%。[9]

制度性的偏見並非是針對同志，而是針對所有的「非典型」，例如在預設雙親育兒的社會中，單親家庭能得到的社會支持非常少。社服單親補助的資格多達七種，[10]卻多是以「失去另一半的雙親家庭」為條件，然而單親家庭的可能性很多，並不只離婚或喪偶，有些被配偶遺棄但沒有離婚、有些是單身男子收養小孩，這些也都是實質上的單親家庭。單親爸爸要幫小孩換尿布，但有換尿布措施的廁所卻常是女廁。過去有些長輩會告誡孩子不要跟單親小孩來往，說「他們家裡有問題，小孩容易變壞」。偏見轉變為一項特殊的實質條件，審查著社會中有沒有不一樣的個體，並把他排除。

入病化 & 入罪化

當人離社會期待太遠，除了承擔言語欺凌和制度上的不利，還可能會被判斷成病患。

「跨性別者」是意識到自己的性別認同與原生性別不一樣的人。有些跨性別者可能選擇維持生理性別，頂多改變服裝與打扮。但若跨性別者想要向政府申請變更身分證上的性別，他們必須通過精神科鑑定，並動手術改變自己的性器官。不只是跨性別，事實上，直至一九七三年，美國精神醫學會才將同性戀從《精神疾病診斷與統計手冊》除名。十九世紀末精神科醫師克拉夫特—埃賓（Richard von Krafft-Ebing）認為同性戀是一種「體質退化的異常」。照某些將同性戀入病化的說法，人會喜歡同性，是因為「母親過度照顧、父親養育不適當或具有敵意、遭受性侵害等等」11。

當社會對不符性別典範的行為的敵意高到一定程度，可能會乾脆將其視為犯罪。性工作在台灣曾經是合法的，性工作者依照公娼制度與政策工作和生活，有固定的工作地點與定期健康檢查。然而，一九九〇年後台北市開始掃黃並廢除公娼，其他縣市也陸續跟進，失去合法性的性工作者若要繼續同樣的工作，只能進入黑市。二〇一一年立法院通過《社會秩序維護法》修正草案第九十一之一條，讓每個縣市政府都可以規劃性專區，只要性交易在專區之內發生，就不算犯罪；在專區之外發生，不管是性交易的勞動者或顧客都會受罰。不過至今近十年的時間，仍然沒有任一縣市成立性專區來保障性工作者的權益。

要注意的是，「入罪化」不見得要寫在法條上，當公務人員帶著偏見執行職務時，也會有相同的效果。同志們在台灣至今仍會被視為潛在的犯罪者：同志酒吧、同志三溫暖比其他店家更容易受到臨檢。過去台北曾經有「T吧」，即女同志聚集的酒吧，然而這些店家遭受警察針對性的臨檢，時常一週就重複三、四次，顧客漸漸不敢上門，目前台北市的T吧僅存一家。同樣的事情也發生在東區的各種男同志酒吧（Gay吧）上。西門紅樓算是相當的特例，剛好政府想將紅樓古蹟作為文創產業再度利用，西門紅樓的同志店家以魚幫水，水幫魚的態勢與文創共生，紅樓店家團結一致互相幫忙打點，才存活至今並成為台灣著名的同志景點。然而，排擠同志酒吧的台北市在國際上已經算是相對開放，在更保守的國家中，光是「不是異性戀」都會讓你成為社會潛在的敵人，前述《苦楚我名》紀錄片裡就提到，數十名在烏干達做同志倡議的運動者，其個人資料（包含居家地址）被政府公布在報紙上，導致了不幸的傷亡。

【提問】

過去社會曾經認為同性戀是疾病，現在則不這樣認為。你認為這是我們對同性戀的理解改變了，還是疾病的判準改變了？話說回來，以目前而言，疾病的判準應該是什麼？怎樣才算是疾病？

■那性傾向究竟是不是天生的呢？

看完上述「非主流的代價」不免讓人思考：如果沒有社會建構的這些性別典範與懲罰，人們會不會因此願意探索不同的性傾向與性別認同？例如：若有任何人今天想當男生、明天想當女生，大家是否就會以他想要的方式對待他？人們會不會一下子交男朋友、一下子交女朋友，僅考量對方不錯就試著交往看看？

或者是，即使沒有性別典範，性傾向與性別認同依然是天生不變的？是必然的呢？同性戀者、跨性別者在全人類中的百分比之所以是現在這個樣子，純然是因為基因嗎？

畢竟社會的性別典範並非永恆不變。一九九九年之前性工作在台灣是一種勞動，之後則是犯罪；二〇一九年起同性戀從婚姻的社會安全網外跨到網內；二〇〇七

檢視歷史洪流

把古今中外對於性傾向的看待拿出來比較的話，會發現每個時代、每個國家對於同志或性少數的看待有截然不同的落差，古希臘會鼓勵男同性戀的戀情；中國歷代對於性少數的對待也不全是輕蔑或認為有問題；台灣每個原住民部落對待性少數的態度也不同。如果我們比較不同社會的性別觀念，我們就會開始思考要怎麼讓社會平等地看待每個人，而非探究性傾向是不是天生的。

年為了十二年國教成立的國教輔導團，也增設推動人權與性別的輔導團，希望人權與性別平權的觀念從小扎根。12

我在想，讀了這篇文章的人，會不會也開始懷疑自己有其他選擇？

【提問】 你認為性傾向是天生的還是後天選擇的呢？這個問題如果有正確答案，會對你有什麼影響或啟發？

在過去，精神醫學還將同性戀視為精神疾病的時代，精神醫學曾試圖釐清，性傾向與性別認同究竟是後天可以選擇的還是先天不可轉變的。其會透過行為治療的方式，讓當事人對原本認知的性傾向感到不適，例如：讓同性戀者看同性赤裸照片時，同時以藥物或電擊，讓當事人嘔吐或痛苦。

美國精神醫學已經在一九七三年將同性戀從《精神疾病診斷與統計手冊》除名，不過，有一些團體，例如「走出埃及全球聯盟」，仍繼續宣稱同性戀是「可矯正的」，並試圖提供「輔導」。這類矯正，是讓當事人信仰基督教，並透過輔導、代為禱告、舉辦支持小組等方式來扭轉當事人的性傾向。不時有同志分享自己被帶去做「矯治治療」的經驗：教友圍著他禱告，祛除他身上的同性戀邪靈。

二〇一三年，「走出埃及全球聯盟」的主席艾倫．錢伯斯（Alan Chambers）發了一份道歉函給LGBTQ社群，對自己組織倡導的治療理論使得大家遭受汙名、被迫離開信仰，甚至終止自己的生命，而感到抱歉。[13]錢伯斯也坦承，自己仍然是一位同性戀者，並未如同宣稱的成為「正常異性戀」。[14]

而二〇一六年起，我國衛福部亦公告函示性傾向治療是違法的：

> 基於性傾向並非疾病，醫學、精神醫學及心理學上均無所稱之「性傾向扭轉（迴轉）治療」，爰該行為不應視為治療，也不應歸屬為醫療行為。如有任何機構或人員執行「性傾向扭轉（迴轉）治療」，應依據實質內容、事實，認定是否違反兒童及少年福利與權益保障法或刑法第三〇四條「以強暴、脅迫使人行無義務之事或妨害人行使權利」強制罪等相關法規處辦。[15]

但性傾向和性別認同能不能、該不該改變的議題並未因此結束。自台灣二〇一九年同志婚姻通過後，出現了一群「跨虹者」，主張性傾向是可以選擇的，因此同性戀也可以變成異性戀。

【提問】

如果「性傾向是可選擇的」，就代表「性傾向是可治療的」嗎？為什麼？

■我們可以怎麼做？

為什麼有人會想改變別人的性傾向？在我看來，這跟「性別典範為什麼吸引人，以至於社會大眾多受影響？」是同一個問題的兩面。

身為群體動物，人總是有衝動去區分同族和異族，並希望「自己人」在各種重要的面向上和自己足夠相似。「自己人」可以在社會上被友善對待、被尊重、拿到較多的資源；「外人」則更容易受懲罰，被刻板印象和標籤羞辱、隔離在社會安全網之外，入病化、入罪化。

這些文化與制度上的糖果與鞭子，依據性別典範建立起了階層化的結構，越接近典範的人越容易取得資源，離典範越遠的人越容易受懲罰。這些階層結構與對應的制度，也是建立文化認同的手段，在網路普及化之前，單一性別價值提供了人們辨識異己的方便工具，以及凝聚「自己人」向心力的手段。性別典範把每個人的性、性別認同、性傾向綁在一起；也綁住了每個人對這個社會的認同；綁定了你應該過著什麼樣的生活、應有的價值觀。

就算在當今，要摸索自己是否有跨性別、同性戀或雙性戀的認同，仍然並不很容易，因為社會不期待你這樣做，也不會提供你機會和資訊。這個社會預設人人是異性戀，並用盡全力阻止你對此事產生懷疑，若你在這充滿阻力的環境下，依然摸索並相信自己是同性戀、雙性戀、跨性別，那你大概不太可能「搞錯」；反過來說，我們怎麼知道自己真的是異性戀，而不是因為社會環境的引誘和懲罰等影響呢？

【提問】

你認為自己是異性戀嗎？如果是，你怎麼知道自己真的是異性戀，而不是為了符合社會期待當一個異性戀？

1關於《台北同話》之節目歷史資料，引用自當時《台北同話》節目主持人喀飛的部落格「八卦貓【反反菸】俱樂部」。網址：https://reurl.cc/e32pNQ。

2同志諮詢熱線櫃父母專線：（02）2392-1970，接線時間為每週二晚上六點至九點；每週四下午兩點至五點。

3見〈台大命案／情殺真相曝光！同志分手2周　求合不成潑酸自刎〉，ETtoday新聞雲，二〇一七年十月二十日。網址：https://www.ettoday.net/news/20171020/1035520.htm；〈2001箱屍案：排山倒海的媒體汙名〉，酷時代。網址：http://ageofqueer.com/archives/11657。

4見〈參加同志遊行結識　兩男賓館開房吸毒遭逮〉，中時新聞網，二〇二〇年十二月十七日。網址：https://www.chinatimes.com/realtimenews/20201217002378-260402?chdtv；〈同志轟趴緝禁藥「勾妹喔」27人鎖門拒警　嗆聲：找律師來〉，蘋果新聞網，二〇〇四年十月十日。網址：https://tw.appledaily.com/headline/20041010/ZC5Z3BZQ5CDWU32BYPKPY4536I/。

5見〈抗議衛福部放寬男同志捐血　護家盟：肛交就會感染愛滋！〉，民報，二〇一八年二月六日。網址：https://www.peoplemedia.tw/news/f0431896-710a-44fd-adc6-3fe85eb36282；〈恐怖！11男同志雜交毒趴 被逮才知大家都是愛滋男〉，中時新聞網，二〇一七年十一月九日。網址：https://www.chinatimes.com/realtimenews/20171109003037-260402?chdtv。

6見〈1994年北一女中學生自殺事件〉，維基百科；〈思念相伴35年同性伴侶　台大法籍教授畢安生墜樓亡〉，上報，二〇一六年十月十八日。網址：https://www.upmedia.mg/news_info.php?Type=24&SerialNo=5922。

7見〈台灣三軍聯合婚禮首次有同性伴侶參加〉，BBC，二〇二〇年十月三十日。網址：https://www.bbc.com/

zhongwen/trad/chinese-news-54752639；〈第一屆雲林彩虹遊行今上街頭　近千人訴求真愛、自由、平等〉，自由時報，二〇二〇年十二月十九日。網址：https://news.ltn.com.tw/news/life/breakingnews/3386214；〈「我們有小孩了！」宜蘭首對註記同志伴侶樂擁1歲兒〉，自由時報，二〇一七年六月二十三日。網址：https://news.ltn.com.tw/news/life/breakingnews/2109725。

8見〈〈「有人不舒服，你就得離職」飯店逼員工公開雙性人身份，又要她離職〉，性別力，二〇一九年六月二十一日。網址：https://womany.net/read/article/19790。

9見同志諮詢熱線的〈2020年台灣同志（LGBTQ+）職場現況調查〉。網址：https://hotline.org.tw/news/2946。

10見法律101網站整理的〈單親補助懶人包！3點重要資格、條件看這篇就夠了！〉。網址：https://laws010.com/blog/divorce-and-inherit/domestic-violence/domestic-violence-01。

11引用自顏正芳、徐志雲撰寫的〈美國精神醫學會在1973年將同性戀去病化的來龍去脈〉，LGBT議題科學研究文摘，二〇一七年三月二日。網址：http://lgbtsciencedigest.blogspot.com/2017/03/1973.html。

12見《建構中央與地方教學輔導網絡實施方案》，教育部主管法規查詢系統。網址：https://edu.law.moe.gov.tw/LawContent.aspx?id=FL044354。

13見〈國際走出埃及主席公開道歉〉，台灣教會公報，二〇一三年七月二十五日。網址：https://tcnn.org.tw/archives/11230。

14見〈艾倫・錢伯斯〉，維基百科。

15衛福部函示有關民間機構投訴「性傾向扭轉（迴轉）治療」一案，詳如說明，請查照。網址：https://www.laws.taipei.gov.tw/Law/LawInterpretation/LawInterpretationContent?soid=182409。

第八題

人類應該保存多元文化嗎？

——葉多涵

因為全球化、市場化、科技進步等因素，許多傳統文化正在消失。

想像未來有一天，珍珠奶茶退流行，市面上再也買不到珍珠奶茶，大家都改喝冰淇淋漂浮咖啡，沒有人記得怎麼用木薯粉製作出珍珠。想像未來有一天，人們不再吃新鮮的水果，全都改吃罐頭水果，沒有人知道香蕉怎麼剝皮、芒果怎麼用刀劃井字來吃、文旦皮怎麼做成帽子。你喜歡這樣的世界嗎？事實上，我們父母或祖父母輩的許多食物，已經因為不適合在現代的市場中銷售，而不再出現於我們平常的飲食中，如蟋蟀、雞肉絲菇、土芭樂、吹糖。

想像有一天，大家不再說國語、台語、客語、原住民諸語言，也不寫漢字或羅馬字，而是全都改用英語或阿拉伯語，那會是什麼樣的光景？事實上，根據聯合國教科文組織，一九五〇年至今，全世界的六千種語言中，已有兩百多種失傳，尚存的語言也有將近一半正面臨失傳的危險。

找尋自己熟悉的具體事例

大多數人不擅長思考抽象概念，當我們談「文化」或「多元文化」，不容易真的理解那些受影響的人的立場，也不容易感覺到議題的重要性。從自己的生活周遭找尋幾個具體的例子有助於理解議題。

縱向分析

如果事情存在先例，過去可能有值得借鏡的經驗。並且，透過比較同一事物在不同時間點的異同，也可以判斷趨勢。不論是自己的父母、祖父母輩的故事，還是從歷史課中學到的知識，都可以拿來參考。

不只是食物和語言，現代台灣人大多不知道怎麼鑽木取火、騎馬、捏麵人、辨認可以食用的野菜和野菇。許多東西如米粉、剪刀、棉被等等變成用機器製作，少有人知道怎麼手工製作。許多包裝好的食物越來越方便，倒熱水就能吃的泡麵、微波一下就能吃的便當、沒有刺的魚，以至於人們忘了怎麼煮麵煮飯，有人因而開始推動食農教育，希望教小學生如何自己吃一條有刺的魚。

台灣原住民族也有許多故事正被人們遺忘，或已經被遺忘，包括歷史故事、神話、寓言。有些耆老說自己從小到大聽父母講故事，每天聽一個故事，聽了一年都不會重複，然而研究者無法每天去錄音記錄這些故事，若是這些老人離世，這些故事就永遠消失了。

但是，為什麼要保存這些文化呢？保存這些東西有什麼用嗎？還是說這只是一種不理性的懷舊情感？

情感需求

沒有用的文化值得保存嗎？有些人認為，問保存文化「有什麼用」就已經搞錯方向了，人們有保存傳統的情感需求，那就已經是十足充分的理由，根本沒什麼理性不理性的問題。這就好比說珍珠奶茶不怎麼營養，也不太健康，作為解渴或解膩的飲料完全不合格，但我就是想喝，而只要我想喝，那它就值得保存。

然而，這種說法「似乎」表示，只有有此情感需求的人才需要去保存文化，如果我沒有保存傳統的情感需求，我就不必幫忙保存傳統文化。而大多數來自強勢文化背景的人，也都沒有保存弱勢文化的情感需求。全世界最多人使用的文字是簡體中文、最多人看的影視作品來自好萊塢、最多人信的宗教是基督教；如果只讓有情感需求的人自行保護他們的語言、娛樂和信仰的話，那「似乎」表示未來可能會有一天全世界都只用簡體中文、看好萊塢、信基徒教。這大概不是你想要的未來。

質疑題目本身

有時候題目本身會帶有不必要的預設，限制分析的廣度。例如詢問「XXX 有什麼用？」、「XXX 會造成〇〇〇嗎？」預設我們只在乎有沒有用、只在乎〇〇〇。所以在看到題目時，應該先檢查這個預設前提是否合理。

【提問】上一段的論述中有兩個「似乎」，這段推論真的合理嗎？

■人權和正義

《世界人權宣言》第二十七條保障人們有權根據自己社群的文化來生活。如果弱勢群體在不想要的情況下，「被迫」用其他群體的方式來生活，那顯然侵犯了他們的基本人權。如果強勢群體可以用自己的方式生活，弱勢群體卻不行，這也違反公平正義。所以我們可以說：基於對人權和正義的支持，我們有義務保存各種文化。

普世性和極端案例

在討論該不該做某件事、該不該遵循某個道德標準時，必須思考潛在的答案能否適用於社會上的每個人、所有情境；有沒有不合理的例外情況。如果某條規則不能適用所有人，通常表示目前的論述有問題。將提出的論點推到極致，找尋極端案例，通常能夠幫助我們找到不合理的地方。

但是怎麼界定「強迫」呢？直覺上我們可能認為強迫人學習或適應某文化的情況不常發生，但社會上有許多機制讓人沒得選擇，例如市場競爭或從眾壓力，會排擠人們以自己的文化來生活的機會。

舉例來說，如果周圍大家都只會講閩南語，客家商人覺得用客語不方便做生意，而主動學了閩南語，這算是被迫嗎？如果這位商人不學閩南語就無法工作賺錢，會餓死，那他似乎確實被強迫了。那如果他可以選擇不用學閩南語的其他的工作機會，但那些工作會讓他少賺一點錢呢？

又例如講客家話和原住民語言的人在台灣是相對少數，所以在自由市場的競爭下，大多數電視節目都是國語，少部分用台語。政府為了保障客家人和原住民的權益，開了公視客語台和原民台，但是想看客語或原住民語言節目的人就只有這一個選擇。

在連續光譜中思考模糊案例和滑坡

在思考議題、建立論述時，常出現問題的地方之一，是誤把一些實際上是連續光譜的概念當成絕對的，例如「強迫」和「自由選擇」的區別、「有嚴重影響」和「毫無影響」的區別。這造成我們對議題提出的答案不夠完整。在這種情況下，使用模糊案例和滑坡可以強迫我們思考如何在連續光譜中做出合理的切割，找出我們真正覺得重要的原則。

只提供一個電視台算是強迫嗎?另外,來自其他國家的新移民往往連一台都沒有,但政府不可能替每一種語言都開一個電視台。

【提問】
在現代資本主義的社會以及政府資源有限的情況下,你覺得應該怎樣界定「強迫」比較合理?

■該保存「落後」的文化嗎?

有些文化可能和現代主流的人權觀念衝突。在西亞和北非的許多地區,流行將女性的外陰切除,有些地方還會將陰道縫合,傳統上這是不麻醉直接拿刀切,動刀的年齡從剛出生到青春期都有,常造成感染、囊腫,甚至大量出血死亡。然而當地人認為這樣才純潔、美觀,許多動了這手術的女性也覺得非常驕傲,繼續對自己的女兒做一樣的事。二〇一六年,聯合國兒童基金會估計全世界的三十七億名女性中，有兩億人動過這樣的手術。

類似的行為是漢文化中曾經流行的纏足，將年幼女性的腳尖折向腳跟綁起，使骨骼變形，縮成一團畸形的肉團。纏足的女性很難走路，無法下田工作，也無法跑步。在清領台灣，原住民看不起這種行為而拒絕和漢人通婚，直到日本政府認定這是個落後野蠻的傳統，一步步將它廢止。在中國大陸，滿清政府、基督教傳教士、太平天國都曾經試圖禁絕此行為，但效果不彰，直到五四運動後，這個傳統才總算被漢人遺棄。

不論是女陰殘割還是纏足，在現代都和國際主流的性別平等觀念有根本上的衝突。我們直覺會認為應該用盡一切力量阻止這些行為，但要說明為什麼我們可以阻止別人的文化，卻非常困難。為什麼「性別平等」的優先順位要高於「純潔美觀」？如果當地許多女性自己也認同女陰殘割，外人有資格說三道四嗎？

跨文化的橫向比較

如果只知道自己的生活背景，那很難想像有哪些事物是可以改變的。在思考過程中，拿其他不同的社會文化作為對照，往往可以發現許多自己習以為常的事物並不是那麼絕對。反過來說，如果在橫向比較後發現有什麼恆常的原則，也可以作為支持自己論述的證據。

直覺

我們在接觸新的議題時，最先使用的工具往往是直覺。直覺很擅長找尋反例，也很擅長看出在議題上哪一方的立場最符合自己的價值觀。但是直覺卻不擅長找出證據支持自己的論點，而且同一件事每個人可能有不同的直覺，因此直覺不適合用來說服別人接受自己的立場。在直覺告訴我們哪個答案比較合理之後，應要求自己用嚴謹的論述來說明這個立場。

性別平權不是唯一和傳統文化有衝突的，動物權也是一個例子。澳大利亞有些原住民認為海龜必須要吃的時候才殺，如此海龜的靈魂才能回歸大海，因此他們常將捕來的海龜倒置存放，讓海龜無法逃走。海龜就在腦充血、又餓又渴、烈日曝晒下煎熬，有時持續數十天後才被宰來吃。此外，伊斯蘭教的「清真」食物要求一刀將牲畜的氣管、食道和頸動脈切開，予以放血，穆斯林認為這是最尊重動物和最人道的做法，但是歐美則認應該用電擊法讓動物迅速失去知覺才最符合動物福利。而相較於海龜倒置、放血、或是電擊法，佛教的許多門派則認為根本不應該為了口腹之欲而殺死動物。

【提問】在上述動物權的例子中，你覺得哪個文化對待動物的方式比較合理呢？還是說我們應該放各文化依自己的方式和其他動物互動，就算有些文化的做法看起來不怎麼人道，我們也無權干涉？

■文化相對論

雖然有不少哲學家、宗教領袖和普通人自認為找到了絕對正確的世界觀，可以解釋生命、宇宙和萬物的終極問題，但是人類學界的主流觀點是「文化相對論」，認為每個人看待事物的方式都受限於自己的文化背景，而且目前沒有任何科學方法可以客觀公正地評斷任何文化，證明某種價值觀比較好或比較差。每個人都只能在預設了自己文化中的價值觀之後，以此出發去評斷其他文化是進步、落後、善良、還是邪惡。

依文化相對論的觀點，《世界人權宣言》也不是絕對的。雖然當時聯合國五十八個國家中有四十八國都投了贊成票，但這些國家派出的代表不能代表國內每個人的意見。那是二戰剛結束的一九四八年，非洲、印度和東南亞幾乎全是西方列強的殖民地，宣言內容也主要反映了西方基督教文化的價值觀，加上當時其他較有政治影響力的國家的文化。

例如宣言第一條：「人生而自由；在尊嚴及權利上均各平等。人各賦有理性良知，誠應和睦相處，情同手足。」為什麼要特別說人是「生而」自由、「賦有」理性良知呢？這其實是因為許多國家的代表認為人類不是憑空而來，而是上帝創造的結果，如果不提上帝的話根本不能談人權。但是其他國家反對把上帝寫進人權宣言，最後妥協下才寫成「生而」自由、「賦有」理性良知，至於人類是由誰生的、理性良知是誰賦與的，就交給大家各自解讀。另外「良知」一詞則是由中華民國代表張彭春提出，根基於儒家思想的「仁」和「人性本善」，他說這個概念符合基督教裡人性和動物性的區別，就是那些希望把上

看看學術界怎麼說

有時候你思考的問題在學術界已經研究了幾百年，自己思考固然重要，但閱讀他們已經分析過的各種論點可以替你省下很多時間。

帝寫進宣言的人想要強調的核心議題，於是爭取到了多數支持。

三十條人權宣言就是像這樣經過各種政治角力討論出來的。因此，有些人認為人權宣言主要只是去掉了「神」字的西方基督教價值觀。而聯合國要求大家依這套價值觀來行事，正是在延續歐美文化的殖民。

例如聯合國為了性別平等，用許多經費補助去威脅利誘要求各國政府阻止未成年女性結婚，避免年輕女性被家庭綁住。然而，在世界上大多數的文化，本來都有性別分工，在當地可能已經實行了上千年。相較之下，以十八歲作為成年的定義，只是因為歐洲某些地區在十九世紀環境下大多數人選擇在此年齡結婚，但世界各地也有許多文化是用青春期、通過成年禮，或是生育來定義成年。

【提問】

我們似乎很難證明人權宣言能代表最正確的信念，但是如果你說漢文化有纏足的權利，似乎也怪怪的，這是一個很難解的問題。你覺得呢？這世界上有絕對的倫理道德原則，可以用來評斷所有的文化嗎？

■保留傳統知識有用嗎？

文章至此，尚未談到保存文化「有沒有用」的問題。以「有沒有用」為核心的效益主義似乎也是可以考慮的切入方式。

許多強調傳統文化的人會說，在原住民的語言裡，當地的各種生物都有名字，並且知道怎麼在野外利用作為食物、工具或藥物。這是一套重要的知識，所以要保存。

然而，這類知識大可以寫下來並翻譯成其他語言，似乎不需要跟整套文化一起保存。老一輩的知識沒有傳下來是知識傳承的問題，跟語言文化是兩回事。而且這年頭大家都去菜市場買菜了，要野菜的知識有什麼用？在現代的城市商業生活中，我們可以輕鬆買到各種東西，取得各種娛樂。讓全世界的人都過這樣的生活，有什麼不好？尤其是講不同的語言多麻煩，如果真要追求效益，不如就放任全球化讓大家都改說少數幾種語言就好了，不是嗎？

效益作為切入點

對沒有受過正式哲學訓練的人來說，要思考何為正義、公平、自由可能太過虛無縹緲，但是效益很好懂，我們日常生活中做的許多決定往往都是基於利弊得失、基於公眾利益，因此這是個容易的起點。只是要記得，效益主義並不是唯一的道德立場。

■統一文化的好處

如果這世上有最好的生活方式、最正確的價值觀、最美的藝術……基於效益主義，我們就應該全力推廣這套文化，而不應該保存文化多樣性。但是，真的有「最好的文化」嗎？

有些文化轉變似乎是大家都一致同意新的比舊的好，例如自由戀愛、停止纏足、性別平權、用洗衣機而不是到河邊洗衣服、資源回收。

但也有些文化不是那麼容易判斷好壞。例如有人認為身為住在海島上的台灣人，我們應該要知道怎麼吃有刺的魚，這是基本的食農教育，不能忘本。但另外則有些人說追求方便好吃的食物是基本常識，讓廚師把魚刺去掉代表飲食文化的進步，難不成你寧願吃裡面還有沙子和泥土的青菜嗎？兩邊的說法似乎都有點道理，因此要挑出最好的文化是有困難的。

此外，「好」在不同的環境可能有不同的定義，但在各地區

不要武斷地選邊站

就算你有自己的信念，理解其他立場的論述仍然很重要。當你堅持某一方必然正確，那就不容易看到自己的錯誤，會限制你想像其他可能，並且在包容多元價值的民主社會中也會活得很累。

仍可能存在「當地最好的文化」。因此，效益主義不見得會得出我們應該消滅多元文化的結論。然而，我們似乎仍可以說有「較好的幾種文化」，比其他「較不好的文化」更值得保存。

【提問】

假如我們真的能找到某種「最好的文化」，你覺得這個文化是什麼樣子？為什麼你覺得這樣的文化是最好的文化？如果有個平行世界的地球只有單一一種文化，你會願意活在這樣的世界嗎？

【加分題】

在這個「最好的文化」底下，怎樣的人會過得最舒適、怎樣的人最慘？這樣公平嗎？

■自由競爭

假如真的有所謂較好的文化，那麼我們應該怎麼找到這種文化呢？

有些人主張放任文化自然競爭，不用特別去保存少數文化。這些人相信有競爭力的「好文化」自然會留下來，「沒用」或「不好」的文化就會被淘汰，所以放任各種不同文化自然競爭不但沒有壞處，還能讓我們得到更好的文化。

換句話說，我們沒有必要積極保存傳統文化，因為文化之間的競爭、滅絕、同化或改變是自然現象，就如生物間的競爭造成長毛象和渡渡鳥滅絕，或是體型較小的鳥類取代原本只會在地上爬的大恐龍。同樣地，越來越少人會講世界各地的原住民語言、現代都市小孩不再知道怎麼捕魚或甚至不會吃有刺的魚肉、一隻的閩南語廟口布袋戲轉變成電視上有各種特效和日語配音的霹靂布袋戲，也都是自然現象，沒什麼大不了，我們不用試圖阻止。甚至，放任各種文化物競天擇，可以得到最好的文化。我們應該要尊重人們的自由選擇，追求現代化的生活方式！

然而，即使某樣選擇成了主流，那也不見得是我們最想要生活在其中的文化。例如國際語言英文不是最容易學或最精確的語

找反例

要證明某件事為真，有時並不容易，因為光是舉出符合描述的案例，並不能用來證明此描述正確；然而，要證明某件事錯誤，只要找到一個反例即可。所以在不確定事情是否正確時，可以先試試看能不能到反例。

言，QWERTY 鍵盤和注音輸入不是最有效率的打字方式，環保袋和紙吸管不見得比較環保，土葬和立墳的外部成本很高，許多加工食品不怎麼健康，美國和日本的娛樂作品往往無法貼近台灣人的日常生活……但這些事物仍然成了主流文化的一部分，並排擠其他選項。

有各種原因可能造成某些文化在競爭中勝過其他文化，包括歷史發展的偶然、國家影響力的高低、其他決策造成的意外副作用、某個文化吸引了我們腦中的某些認知偏好、廣告行銷、網路謠言等等。如果我們放任各種文化互相競爭，認為這樣就可以產生最「好」的文化，我們可能只會得到某個最擅長排擠其他文化的文化、幾首很洗腦的歌，或是讓中美俄等強國的文化取代其他小國的文化。一種文化的勝出，其實只說明了它的強勢，但它不一定就是我們最想要或最好的。

【提問】

如果大家都說一樣的語言、信仰一樣的價值、用一樣的方式生活，那不就是世界大同嗎？就算有些選擇不是最佳解，至少大家都是平等的，這樣又有什麼不好呢？

■文化多樣性

說到自由競爭和演化，用效益來分析多元文化其實還有另一種可能性：因為多樣性很重要，所以我們應該保存文化。

你可能學過「生物多樣性」重要的原因：稀有生物可能有不可或缺的生態功能，或是能提煉出人類可以利用的物質，或避免單一品系的農作物被病蟲害一次滅絕。但是文化多樣性有類似的功能嗎？如果要用「多樣性」來解釋為什麼要保存多元文化，我們需要更具體地說明為什麼文化多樣性有重要的功能。

■藝術功能

多元文化提供許多藝術創作的機會，豐富我們的生活，例如從歐洲民俗中發展出的奇幻文學、挪威因反基督教而發展出的黑金屬樂、台灣的《返校》遊戲和閃靈樂團、日本的和樂器樂團、

類比

不論是自己思考，或是在和別人說明時，拿熟悉的東西作類比都可以讓思考更容易，各種已應熟知的概念可以直接套用。但要注意類比的推論是否真的適用於原本的議題，避免類比錯誤。

北美原住民的圖騰柱、北亞的喉音唱法、阿拉伯世界的書法、中式庭園、非洲許多地方的串珠……。

許多語言有非常美麗的詞彙，例如日語有「木漏れ日」，指從葉隙間灑落的陽光；瑞典語有mångata，指月亮在水面上形成的一條外觀像道路的反光；還有中文的「醉」字把對事物的痴迷以及喝醉酒結合，成為很浪漫的概念，若非如此，酒仙李白大概不會成為中國史上最重要的詩人之一。

除了詞彙之外，各種語言的獨特音韻也讓詩歌能有許多不同的格式，像是字數和聲調對仗十分工整的中文詩、區分長短音節的日文俳句、每句都要押韻的義大利文十四行詩，以及用重音形成韻律的英文無韻詩。這些藝術都是無法翻譯的，當語言消亡，我們就無法繼續欣賞和創作這些藝術。

又或許，我們根本不需要那麼多種文化，如果我們把所有的資源都投注在某一個受限的環境下，反倒可以發展出更有深度的藝術？例如中國水墨畫，雖然只用毛筆和黑色的墨水，但經過長時間的發展，積累出很高深的意境。德國在中世紀立法規定啤酒只能用水、大麥、啤酒花和酵母這四種原料製作，如今德國啤酒世界有名。相較之下，好萊塢翻拍日本動畫、外國人做義大利披薩、台灣人山寨外國觀光景點，混入自己的想法，雖然是結合了多元文化，但總是被嫌沒抓到精髓，不如正宗。多元文化的廣度不見得是最適合培育藝術的土壤，也有可能在單一文化的定點不斷向深處挖掘才是發展藝術的最佳方式。

【提問】

❶藝術對我們的生活有那麼重要嗎？光是好萊塢電影、日本動漫、韓國流行樂就欣賞不完了，為什麼我們要在乎詩詞、雕塑、油畫等等？

❷多元文化的廣度或單一文化的深度，你覺得何者更適合發展藝術？

■語言和世界觀

文化多樣性的另一個潛在貢獻是提供我們不同的思考方式。

我們的思考方式有多大程度是受限於文化和語言呢？有些人認為影響不大，各種事物、現象、概念大多是客觀存在於世界，我們的語言只是用不同的聲音和符號描述一樣的東西，不管叫狗、dog、Hund、イヌ、chó，指的都是同一種動物。照這種觀點，各種語言其實大同小異，背後並沒有多少獨特的思考方式值得保存。

但另一些人認為，不同的語言並非只是把同樣的概念改用不同聲音和文法來表示，更定義了許多獨特的概念。許多可用某種語言表達的詞彙，無法在其他語言中表達，當我們失去這些語言，我們就失去一套看待與描述世界的角度。

例如在人際關係上，中文有「熱鬧」、「加油」、「辛苦了」、「同仇敵愾」、「幸災樂禍」等非常有用的詞彙，在英文中都沒有直接對應的詞。如果英語成了世上唯一的語言，我們就會失去這些概念。反過來說，英文的 cringe 或德語的 fremdschämen 在中文也不好表達，最接近的意思大概是「光看就覺得丟臉」，但中文不太能表現出那種不舒服的感覺。

或者，對於人生該追求什麼目標、什麼才是理想生活等問題，中文的「幸福」和「福氣」在英文中並沒有很好的對應；而丹麥和挪威語的 hygge、德語的 Gemütlichkeit、瑞典語的 lagom 也都對生活態度提供了不同的見解，但只有熟悉這些語言，在這些文化中生活的人才有辦法精確理解這些概念的意思。

語言也關係到正義，當語言中沒有詞彙可以表達想要處理的問題或追求的目標，我們就很難改善現狀並追求理想，稱為詮釋的不正義（hermaneutical injustice）。像許多西方國家發展出來的倫理學概念，都很難確切地用中文來描述。英文的 privilege 在表示「榮幸」或「幸運」的同時，也認知到這背後可能帶有不正義的「特權」或「既得利益」；fair 同時有「美好」、「合理」和「公平」的意思，既表示出對平等的支持，同時又在機會平等和結果平等的光譜上保有模糊空間；entitled

在字面上是「有資格」的意思，但也可以用來指責那些自認為有權利得到某些好處的人，奧客、倚老賣老、自以為是、公主病等情況都能用這個概念來分析。

但有些人反對上述這種看法，他們認為，不是語言影響世界觀，正好相反，因為我們有描述生活環境的需求，所以語言中發展出了這些詞彙。漢文化主要都是喝茶，所以只需要「杯」一個字，英國文化用不同的杯子裝各種飲料，所以有喝葡萄酒的 glass（玻璃杯）和 goblet（高腳杯）、喝下午茶的 cup（茶杯）、喝各種熱飲的 mug（馬克杯）等詞彙。

究竟是生活環境影響語言，還是語言影響思考方式，語言學家還在來回爭論，目前還沒有公認正確的答案。但就算不考慮語言，大家應該都同意：文化多樣性可以讓我們用不同的角度來看待世界。

例子是否有代表性？

使用少數特定的例子分析問題時，有時也會產生一些只對這些例子有效的論述，因此在分析完例子之後，必須把推論出的想法套用回原本的問題，確定自己的分析是有效的。

【提問】用不同的角度看世界，有那麼重要嗎？就算重要，任一個民主國家的各政黨就已經提供了許多種超複雜的世界觀，還需要各地文化來提供更多世界觀嗎？

■傳統或「原始」的文化

有些傳統社會似乎非常單純，沒有各種高科技和社會分工，他們能提供什麼重要的見解嗎？可以的！文化人類學家在世界各地的傳統社會中，記錄到許多值得學習、參考或反思的文化差異。

光就詞彙來說，南美洲最南端的火地島上的雅干人（Yahgan）有一個詞 mamihlapinatapei，意思大致是「互相期待對方先做某件雙方都希望有人做的事，並且互看一眼就知道對方也這樣想」。加拿大北極的因努特人則有 iktsuarpok 這個詞，意思是「因為很期待所以一直出門看人來了沒」。這兩個概念一描述出來大家都能理解是什麼感受，但我們從來沒想過用一個詞來描述它，更不會想到能基於這兩個概念來發展藝術、世界觀或社會規約。（好吧，或許鄭愁予的〈錯誤〉有點類似 iktsuarpok。）

傳統文化不只是擁有幾個好用的詞而已，甚至在一些我們覺得很重要的社會議題上也有值得參考的地方。

例如很多人都有被說教的不愉快經驗；然而，光是要解釋為什麼說教不好，我們就必須討論權力不對等、說教者的態度、說教的內容是否真的有幫助等問題，甚至必須藉由許多文章和專書來分析。儒家社會敬老尊賢，認為年輕人有義務接受年長者的說教，要反對說教很不容易。現代西方社會則發明出「男性說教」等詞彙，讓這個問題和性別議題糾纏不清。然而，在大多數的遊獵採集社會，根本沒有這些問題，因為禁止說教是每個人都知道的基本常識，他們認為「主動去指導別人」是一種不好的態度，甚至視為禁忌，因為這表示說教者自認為比別人厲害，是不尊重別人。

另一個例子是親密關係，在我們的文化中，常有各種感情糾紛、家庭失和、情殺等問題，甚至我們本來沒有「跟蹤騷擾」這個詞，報警會被說是家務事、無法可管，必須向英語國家對 stalking 這個議題的相關討論和法律取經。相形之下，納米比亞的辛巴民族（Himba）採開放婚姻，已婚者不論男女都仍然有權利另外交男女朋友，如果丈夫或妻子嫉妒不滿，會被大家認為是小氣；他們有一整套風俗習慣和社會規約來預防和調解爭風吃醋的問題。

這也不是說傳統社會的一切都比我們更純真、更美好，前述的文化也可能產生問題，例如不能指導別人的禁忌，有時會造成某人在無意間違反社會常規時，沒有人出來指正，只會默默地被大家討厭；而開放婚姻也不是感情問題的萬靈丹。重點是從中找到適合我們參考學習的地方。

當然，也有一些社會中的行為我們怎樣都不想要學習，或許也不應該保存，甚至可能應該積極介入使之改變。例如新幾內亞的 Marind 民族以前曾有的傳統是在新婚時，女方必須先和男方的一眾男性親屬性交。這種習俗造成性病傳播，許多人因而失去生育能力，於是他們只能藉由搶奪或領養其他部落的小孩來維持人口。還有東非的 Nyangatom 民族和周遭的部落爭戰、互相獵殺了上百年，原因只是為了搶奪牲口、吸引女性，或是報先前爭戰的仇；他們以前用矛，現在更進展到使用機關槍。然而，即便我們不認同這些文化、不希望保存這些文化，光是認知到這些形式的文化可能在人類社會中存在，就是寶貴的知識；不論我們是否以「進步文明」的姿態予以干涉，我們都應該研究是哪些社會或環境因素讓他們發展出這樣的習俗，從而避免類似的情況在我們的社會中發生。

【提問】

除了上述的「藝術」和「思考方式」或「世界觀」，你還想得到文化多樣性的其他可能貢獻嗎？與生物多樣性相比，你覺得這足夠證明文化多樣性的重要性嗎？如何取捨文化保存、公平，以及個人自由？

說完了該不該保存文化的問題，最後我們來思考看看，如果決定了要保存多元文化，在執行上可能有哪些問題要考慮。

要保障各種權利時，我們可以區分出兩種方式：消極保障和積極保障。消極保障是指不讓外力侵犯已有的權利，積極保障則強調額外提供機會，讓人們可以充分行使權利。在討論要如何保存多元文化時，也可以用類似的角度來分析。

消極保存，在此是指停止各種傷害弱勢文化的行為和制度，例如不要嘲笑或歧視不同的口音和詞彙、學習尊重各種文化避免刻板印象、允許大家在各種場合使用自己的語言和傳統服飾、保障宗教自由、把各種語言都並列為官方語言並允許全母語教學等等。一般來說，各種權利的消極保障較少會有人反對，也沒有太多需要爭論的問題。

積極保護，則試圖建立一個環境讓不同的文化都有機會一展長才，不會因為競爭、過時，或群眾的偏好等因素而被人們放棄。例如建立傳統產品的認證制度、開文化欣賞的課教大家怎麼品味各種傳統藝術和食物、在升學考試時讓考生每多會一種本土語言都可以加分、把持槍狩獵的權利限制為原住民專有、在藝術比賽或展覽中提供特定文化的保障名額。積極保護比較容易引起爭論，因為介入的程度更多，而且其中有些針對性較高的手段會在各文化之間產生競爭關係。越弱勢的文化，通常會需要越積極的手段來保護，例如用優惠性差別待遇，這有時會顯得不公平：我同樣努力用功，考了一樣的分數，為什麼只因為我的文化不是弱勢，我就沒有同樣的優惠？

【提問】你支持用升學考試的加分或入學保障名額來保障特定文化嗎？如果讓你來制訂規則，你覺得該用什麼樣的標準來判定能否加分比較合理？

文化是一群人照一套共通的方式生活，這和個人自由有時也會發生衝突。例如台灣人有睡午覺的文化，學校依據這個文化制定了午休時間，許多老師進一步規定午休時間所有的學生都必須趴著睡覺，不能做別的事。但是有些人可能沒有午休的習慣，或是精神很好不想睡，如果老師不讓學生做別的事，那就是睡午覺的文化侵犯了不午睡的個人自由。在這個例子中，讓學生在午休時間安靜做自己的事不會傷害其他人的權益，所以答案相對明顯。

但是個人和集體的衝突中究竟該怎麼選擇有時並那麼不明顯，而且「個人和集體何者較重要」本身就個是受文化影響的價值觀。

例如阿美族政治人物 Kolas Yotaka 希望自己的名字用拼音來表示，但有些漢人覺得既然 Kolas 當了中華民國的政治人物，那表示她認同這個目前由漢文化主導的國家，那就應該要用中文字來寫她的族名，甚至應該要取漢人的名字而不是叫做「谷辣斯．尤達卡」。

中華民國法律受到不少漢文化的影響，《姓名條例》規定每個人都要有用中文字寫成的名字，原住民用拼音寫的名字只是並列，而且外國人在台灣居留或歸化中華民國籍時必須取漢名，姓在前、名在後、中間不加空格或符號。所以歸化台灣的烏克蘭裔藝人 Лариса Бакурова，名字不能保留原本的西里爾字母、不能用拉丁字母轉寫成 Larisa Bakurova 後像原住民那樣並列、甚至不能音譯成拉瑞莎．巴庫洛娃，而必須改成「李瑞莎」。反之，

權利的衝突

在思考人權議題時，很容易受自己的立場影響，覺得自己這一方支持的是人權，另一方只是一群自私不理性的人。尤其是因為「一個人的自由，以不侵犯他人的自由為範圍」，認定對方的立場已經越界了，所以不合理、不應保障。然而這樣的思考方式並沒有助益，中立或反方的人也不會被你說服。更理想的出發點是不預設立場，認為所有的權利都必然影響其他人的權利，然後再來考慮哪一方的權利比較重要、哪一方可以被犧牲。

台灣人也不能把小孩的名字取名成 Þórr Óðinson 或☆↙煞氣a鮭魚↗☆。

相較之下，印尼因為是個多民族國家，各民族的名字有許多不同格式，有些人的名字有好幾個字，有些人只有一個字，有些人姓在前，有些人姓在後，有人完全不用姓氏，有人除了姓氏和名字之外還有氏族名。怎麼做才好呢？印尼的選擇是直接給一個欄位隨便你怎麼填，不區分姓氏和名字，也不限格式，只要是用拉丁字母寫成就好。

其實，依聯合國人權事務委員會的看法，名字是身分認同重要的一環，屬於《公民及政治權利國際公約》第十七條中私生活保障的範圍，國家不應該隨意限制或干涉選擇名字的權利。但同時，人權委員會也同意，國家基於保障國家語言和文化的立場，有權力對姓名做出一些限制。這之間的界線，台灣和印尼做出了不同的判斷。

【提問】

❶你覺得台灣和印尼對人名的規定，何者較好？為什麼？

❷想想看，除了午休時間和人名，還有哪些社會制度或法律是以多數台灣人的文化為出發點，但對於其他文化的人可能造成困難？

■結語

台灣宣稱是多元文化國家，但相較於美國、印尼、印度、南非、玻利維亞、歐盟等地，台灣文化的同質性很高，對多元文化這個概念的認識也有限。許多人對異文化還停留在刻板印象的階段，距離反思制度上的差別待遇還有段距離，更不用提積極保障或優惠性差別待遇。

隨著台灣漢人逐漸學會尊重原住民文化，加上國際交流頻繁、新移民增加，台灣的文化組成越發多元。與此同時，因為全球化、資本主義的發達，以及科技的進步，文化之間的競爭、排擠和取代也更劇烈。在這樣的環境下，學習如何協調文化衝突和保存多元文化是刻不容緩的問題。

這篇文章整理了一些保存多元文化的理由，分析在支持「多元文化」的過程中可能遇到的一些挑戰，並提供了許多一般人可能不會接觸到的文化小知識作為思考的材料。希望讀者在建立自己的想法時，能夠起到一點幫助。

第九題

人類真有責任照顧環境和其他生物嗎？

——葉多涵

在現代台灣，環保和生物保育幾乎是所有人都支持的共識。但是如果問環保和其他議題相比之下有多重要、為了環保應該投入多少資源、可以犧牲其他東西到什麼程度、該用什麼方式支持環保，每個人的答案都不一樣。

有些憤世嫉俗者會說人類是一切環境破壞的元凶，應該殺光人類。這聽起來很「覺醒」，但講這些話的人裡面，九九．九％的人只是在嘴砲，不會真的為了環境而去死。人類活在地球上有許多目標，環境保護只是其中之一，但我們也追求其他目標，例如藝術、科學、幸福、尊嚴、安全、傳宗接代等各種生命的意義。那麼，當環保和其他目標有衝突時，該如何取捨？

有時我們面臨「該優先保護什麼」的爭論。綠鬣蜥是外來種，大家獵殺牠，認為本地原生的物種更重要。然而，貓和狗也是外來種，而且有許多研究證實貓狗在野外會攻擊許多野生動物，但是許多人並不希望看到貓狗被獵殺。更進一步來說，各國的保育經費是有限的，該如何分配這些經費呢？最接近滅絕的物種優先？對人類最重要的優先？民主投票下最能吸引選票的可愛動物優先？生物多樣性很高的生態熱點優先？有些生物學家認為目前的技術已經可以開始挑戰將已滅絕的生物復活，像《侏羅紀公園》那樣，我們是否應該將有限的經費拿來研究如何復活被我們害死的生物，例如旅鴿、袋狼、長毛象和台灣雲豹？

對這些問題，人們有許多不同的看法。這是因為雖然大家都支持環保，但其實人們支持環保的原因有很多種。必須先了解人們支持環境保護和生物保育的原因，才能有效溝通、找出多數人都能夠接受的方案。

■萬物之靈的義務

有一派保護環境的理由是人類貴為萬物之靈，有義務去照料環境，就如蜘蛛人的叔叔曾說：「能力越大，責任越大。」每個人行使的權利和付出的義務必須保持平衡，因為當我有權利做某件事，那表示你有義務讓我能做成這件事，如果我只行使權利卻不付出義務，那就會變成單向的剝削。當人類發展出利用環境的能力，人類也就有義務照顧環境。

許多基督徒也採取類似的立場，據聖經的說法，雖然世界都是上帝所擁有的，但上帝也交給人類使用自然資源的權利，以及照料世界的義務。例如《創世記》第二章第十五節說：「耶和華神將那人安置在伊甸園，使他修理，看守。」

跨物種比較

當有人宣稱人類如何如何時，我們可以拿其他動物比較，看看這個宣稱是否有不完整或不合理的地方。如果說「因為人類〇〇〇，所以人類ＸＸＸ」，此時可以看看其他也符合〇〇〇條件的生物是否也ＸＸＸ。

這裡的宣稱是「因為人是萬物之靈，所以有義務照顧其他生物」，那在人類演化出來以前，難不成這個責任是落在地球上當時能力最大的動物，像是黑猩猩或鯨魚身上嗎？看起來不太合理，但若再仔細想想，倒也不見得：我們說獅子是「百獸之王」，雖然獅子大概不懂「義務」的概念，但高階掠食者在維持自然生態的平衡上，確實發揮了舉足輕重的功能。或許，當人類靠著各種科技成為地球上最頂級的掠食者時，也繼承了這份工作。

如果是虔誠的宗教信徒把照料環境視為「上帝派的任務」，那這件事在他們心目中大概非常重要了，可能比其他所有的事都更重要。但如果某人保護環境的理由只是「人是萬物之靈」形成的義務，沒有特定的信仰，可以想見當其他目標和保育發生衝突時，保育的重要性就會相對降低。反正環境不會講話、不會投票、不會上街抗議。誰在乎呢？

【提問】

人是萬物之靈嗎？為什麼？基於前兩個問題的答案，你覺得人類對大自然有哪些權利和義務？

■為了人類自己的好處

最功利，或許也最能讓人接受的理由，是保護環境對人有利。這種論點早在孟子的時代就有：「不違農時，穀不可勝食也；數罟不入洿池，魚鱉不可勝食也；斧斤以時入山林，材木不可勝用也。」同樣的概念在今天叫做「永續發展」。自然環境有許多重要的功能，包括休憩娛樂、木材、漁業、水土保持、光合作用產生氧氣等等。在農業，水果以及用種子繁殖的蔬菜大多靠昆蟲授粉，而這些授粉的昆蟲往往需要完整的生態環境才能生存。所以近年來蜜蜂消失的危機不只是讓人沒有蜂蜜可吃，更對農業造成嚴重的損失，科學家正急著研究到底是傳染病、農藥、棲地破壞、氣候變遷、空氣汙染還是什麼原因造成蜜蜂消失。

對於這種效益主義的論點，最主要的挑戰是怎麼進行成本效益分析。

科學研究

不論在討論什麼問題，都需要注意：科學研究在這裡能夠回答到什麼程度？有些議題和科學關係密切，會讓人覺得只要用科學方法進行研究就能找到答案。當然，論述不能違反科學已知的事實，還在研究中的問題也應該參考科學家的專業判斷，但也必須注意，有些事情科學還不知道，或根本不屬於科學的範疇。

要降低環境傷害，有時候新科技是最好的解方，例如太陽能板、電動車、核能。但是要能發展出這些科技，往往必須有一定的經濟基礎，而在這些科技出現以前，又必須破壞環境才能發展經濟，成了雞生蛋、蛋生雞的問題。

某個事物對人類有沒有好處，其實很難用科學研究得出結論。目前看起來沒用的東西可能在未來會有用。例如咖啡和香蕉，以前大多數人都是種植味道較好的小果咖啡（又稱阿拉伯咖啡）和「大米七」品種香蕉，然而在十九世紀末和二十世紀初，這兩種作物分別被黃葉病和咖啡銹病侵擾，幾乎滅絕。所幸科學家找到了有抵抗力的「香芽蕉」品種、大果咖啡（又稱賴比瑞亞咖啡），以及中果咖啡（又稱卡尼弗拉咖啡），雖然一開始味道較差，但經過培育後也變得和原本的品種一樣好。如果當初沒有留下這些看似沒用的品種，我們現在可能就沒有香蕉和咖啡可以享用了。然而，用「說不定這東西以後有用」來說服大家保護所有的物種和生態系，是有困難的。

【案例思考】孟山都公司和帝王斑蝶

帝王斑蝶在美國是家喻戶曉的生物，上億隻蝴蝶每年在墨西哥和加拿大之間進行上千公里的遷徙，經過的地方整棵樹都會被包成橘色。然而近年來帝王斑蝶的數量銳減，族群小了大約九〇％，有些地方甚至完全看不到牠們。有研究指出帝王斑蝶已經瀕臨滅絕，而且這主要是因為農人用了

「年年春」農藥害的。年年春是孟山都公司的招牌商品，在二〇一五年，光是靠著賣年年春，就賺了大約十九億美元，許多人認為孟山都是一間邪惡的公司。孟山都後來為了公司形象，捐出幾百萬美元來復育帝王斑蝶。

【提問】

❶每年十多億美元的營收可能創造了很多就業機會，養活不少家庭，而且年年春也對農人的收益大有幫助。為了這些利益而害死一種生物，可以接受嗎？

❷如果你認為孟山都的行為可以接受，那如果只是一萬台幣的營收，也可以害死一種生物嗎？要能賺多少錢才值得害死一種生物？又，如果消失的不是蝴蝶，而是蚊子呢？如果你認為孟山都的行為錯了，試想：假如帝王斑蝶是由於一件無法追究的人為意外而快要滅絕，而唯一拯救斑蝶的手段是叫世界最有錢的蘋果公司捐出十多億美元來復育。蘋果公司說那是他們賣手機賺來的錢，不肯捐。蘋果公司和孟山都是為了自己的商業利益害死斑蝶，蘋果公司錯了嗎？如果蘋果公司沒有義務犧牲商業利益來保護斑蝶，為什麼孟山都就有這個義務？

■為了哪些人類的好處？

在分析保護環境的成本效益時也要記得看效益的分布，換句話說，要考慮分配的正義。美國小說家勒瑰恩寫過一個故事來說明為什麼分配正義很重要：

在一座幸福的城市，人人過著快樂的生活，人們總是願意分享、居民個個聰明並且充滿文藝氣息……總之你想要多完美就有多完美……但只有一個小小的問題：在一間黑暗骯髒的地下室，有個小孩被獨自關在那裡，每天承受著無止境的苦難。每位成年的市民都知道這件事，但沒有人幫助他，基於某種原因，這個城市的幸福必須建立在那個小孩的不幸上，如果任何人幫助那位小孩，大家就會失去幸福。

故事的結局我就不說了。從效益主義來看，這是個很棒的城市，將最多人的利益最大化，只讓一個人得到不幸，但是這樣的安排顯然不符公平正義。

思考極值

當討論的問題中有數字時，可以思考兩個極端：如果這個數字是「無限大」或「無限小」，你的答案是否一樣？如果不同，那表示你的答案必然在中間某個數字範圍中發生了轉變。此時，你必須思考：這個轉變合理嗎？還是你的兩個答案之中有一個不對？或者這個問題本身就有詐？

注意分布

許多人在討論議題時會拿出數據，說兩個情境中各自產生的「總值」或「平均值」誰高誰低，此時要注意，用總值或平均值來描述一群充滿變化的人們，其實是把人與人之間的變化全部忽略不計，把每個人當作一模一樣的東西。然而，有很多同樣重要的資訊並不能由平均值看出來。因此要記得看整體分布。

在大多數的社會中，當環境被破壞時，經濟開發的好處通常是由有權有勢的富人賺走，而環境破壞的成本則由弱勢者承受。例如工廠一般不會設在寸土寸金的高級住宅區附近，而是便宜的地段，而附近的住戶若無法忍受工廠的汙染，也只有有財力搬家的人才有辦法搬離，留在當地承受工廠汙染的人往往是沒能力搬家的弱勢者。又例如財團開發渡假村，住附近的人失去一塊原始自然的公有地，有錢的遊客來住，產生各種汙染，窮人則無法享受。台中的火力發電造成空氣汙染，住在台北的天龍國人安然自在地吹著冷氣。

在各種開發案中，支持開發的人總是會說利大於弊，強調開發環境可以帶來多少產值、建工廠可以創造多少就業機會，但是當這些好處都是由掌握社會資源的人賺走，弱勢者卻要承受大多數的成本時，就算以總值來說利大於弊，就算弱勢者可能只占少數，我們還是會覺得不應該這麼做。

但反過來說，追求環保的成本和效益，往往也在分配上不公平。例如有不少人主張減少生育、降低地球人口是最有效的環保手段，因為一個人再怎麼節能減碳、吃素，這個人都不會比「沒有人」更環保。同時，這也比「讓人類死光光」更溫和。但如果我們看看地球上破壞環境最嚴重的地區，是在東亞、西歐、北美這些有錢的已開發國家，而生育率最高的地區，則是貧窮的開發中國家。要求減少生育，已開發國家的人不會受到什麼影響，我們本來就因為各種人口學家還無法確定的原因發生了少子化。受影響的會是未開發的貧窮國家。生育是很根本的人權問題，我們這些已經先透過破壞環境來取得經濟優勢的人們，有資格要求那些弱勢國家的人減少生育嗎？

【案例思考】歐洲的狼

野狼會攻擊農人飼養的動物，加上在童話故事中被描繪成邪惡的形象，以及棲地破壞，歐洲的野狼幾乎被人趕盡殺絕。近年來，歐洲致力於生態復育，許多本來已經沒有狼的地方又有了狼，城市人大多支持復育野狼，然而放養各種家禽家畜的鄉下人普遍反對「引狼入室」。

城市人說，鄉下人太自私了，只想到自己的利益，不在乎自然保育。環境是全人類的共同資產，不能只因為少數人的經濟損失就拒絕改善環境。狼本來就是歐洲的野生動物，農人開墾環境搶走狼的土地，有錯在先，雞被吃的話就當作還債，應該學習和其他生物和平共處。

鄉下人則說，自私的是城市人，鄉下人每天面對野狼帶來的損失和危險，城市人卻躲在遠方從電腦螢幕後欣賞野狼，偶爾下鄉旅行從車窗後面享受看到野狼的新奇感。城市人自稱對生態保育有貢獻，但其實是慷別人之慨，犧牲別人的安危來滿足自己的虛榮心。

【提問】你覺得哪一方比較有道理？歐洲人應該保育野狼嗎？你想得到哪些方法可以協調鄉村和城市的利益衝突？

■生物的內在價值

用效益主義支持環保的另一個困難點，是怎麼看待那些人類無法利用的生物。如果某種生物住在深山，一看到人就躲得遠遠的、長得很醜、沒有重要的生態功能、不能吃、也沒辦法提煉出藥物，那是否表示我們可以放任這個物種滅絕？例如白海豚、石虎和藻礁，大多數人一輩子都不會看到，支持開發環境的人可能會主張只要把石虎養在動物園給人看就夠了，不用在野外保育，開發當地帶來的經濟效益才重要，利大於弊。

要說無法利用的生物就真的沒有保留的價值，總感覺不太對勁。雖然有的生物或許缺乏拿來利用的「工具價值」，但也許生物本身就有「內在價值」，無關乎牠們是否對人有用。但是，內在價值要怎麼衡量呢？要是無法衡量，就無法套用成本效益分析。麻煩的是，如果要說明生物為何有內在價值，每個人的解釋可能都不一樣。

有些宗教信仰可能會用萬物有靈、眾生平等、天工造物，或上帝造物來說明為什麼各種生物都有價值。這些信仰對內在價值的衡量都不一樣。照佛教的「眾生平等」，每一種生物的內在價值都一樣，所以有「割肉餵鷹」的故事：薩波達王為了救一隻鴿子的命、又不要讓老鷹餓死，願意割自

宗教的觀點

許多重要的問題在宗教裡已經思考了上千年，雖然不信教的人可能不接受宗教的論述，但是我們還是可以試著借用宗教立場作為思考的切入點，再思考能不能把宗教的論點改一改，讓它世俗化，使它對不信教的人也一樣有說服力？

己的肉來餵鷹，最後甚至願意讓老鷹吃掉自己。但基督教的「存在鎖鏈」就把生物排出階級，強而有力的掠食動物比四處爬的蟲子高級，有葉子的植物比貼地的蕈菇和苔蘚高級。甚至可能認為這些內在價值是無論如何都不可妥協的「神聖價值」。

如果我們不以佛性或上帝作為論證的起點，而是從生物學的角度看待，可以注意到每一種生物都是獨特的，有獨一無二的外觀、生態棲位、行為、基因、生理和演化歷史，每一種生物都是上百萬年，甚至上億年演化的結果，這些獨特性和歷史意義或許可以作為生物內在價值的來源。但是，我們似乎也可以用同樣的方式描述地球上所有自然景物，甚至是人造物。照這樣的觀點，可能產生很極端的立場，認為所有的自然資源都不應該開發利用。

【提問】

❶你覺得生物有內在價值嗎？為什麼？

❷如果不論生物對人有沒有用，都有內在價值，那表示早在人類出現以前，各種生物就已經有價值。然而各種生物自古以來不斷在滅絕，從三葉蟲、恐龍到劍齒虎，歷史上大部分的生物都已經滅絕了，相較於這麼多種生物，我們現在周遭的生物根本不值一提，而且未來

總有一天也會滅絕，為什麼我們要在意呢？

❸承上題，如果我們發明了時光機，我們有義務去救那些古代滅絕的生物嗎？其他動物會痛苦嗎？

■其他動物會痛苦嗎？

效益主義主張，我們應該追求給最多人最大的利益，並把傷害降到最低、最少人承受。以生物學的角度來說，人只是眾多猩猩的其中一種，若用前面介紹過的「跨物種比較」來思考，可以質疑：為什麼人類這種猩猩的利益和傷害比其他動物更值得關注呢？或許我們可以跳脫人類，把這原則套用到其他生物上，就如孟子說的「恩足以及禽獸」或是佛教說的「一切眾生皆有佛性」。

問題是，怎麼判斷哪些生物會痛苦、哪些不會？心靈哲學有一個很基本的問題：我們沒辦法直接知道其他生物的感受。科學家或許可以做實驗詳細記錄蝙蝠的大腦在收到超音波之後，怎麼從這些聲音資訊判斷出周圍的物體。但是我們沒辦法知道那是什麼樣的感覺，因為「感覺」不是科學家可以量測的東西。甚至，我們可能沒辦法證明當兩個人說「痛」時，這兩人的感覺是一樣的，因為每個人只能知道自己的感覺。

要判斷其他生物會不會痛苦，科學家只能用各種間接的資訊來猜測，特別是其他動物的反應是否類似人類感到痛苦時的反應。人類在感到痛苦時，我們臉上會出現痛苦的表情，腦中會有特定的一些神經反應，身體各處也都會有許多生理反應；在行為上，我們會躲避或攻擊造成痛苦的來源，並記得這件事，未來再次遇到時同樣會躲避或攻擊；若長期感到痛苦，我們的學習能力、運動能力和健康都會變差。當科學家在其他動物中觀察到類似的生理、心理和行為反應時，我們就傾向認為這種動物也會感到痛苦。

然而，這些間接的資訊並不是全有或全無，而是連續分布。水母沒有臉，不會出現痛苦的表情，也沒有腦，沒有可以跟人類比較的神經訊號，但是水母確實會躲開造成傷害的刺激。全身癱瘓的人不會逃跑，運動能力也不會因為痛苦而變差，但他們大腦和臉部的反應還是一樣的。因此，「會不會痛苦」說不定也是連續的。和人類最接近的黑猩猩八成對痛苦有感，而青菜八成沒有，所以我們覺得吃青菜沒什麼問題，吃黑猩猩有道德疑慮。

如果要考慮不同動物感受痛苦的能力來決定愛護牠們的程度，該怎麼衡量各個標準的重要性呢？思考這些問題的一個方法是找反例。如果你認為生物會不會痛苦的最重要標準是受到刺激會不會有反應，電腦遊戲裡的怪物被打也會有反應，含羞草被摸了也會有反應，但是我們都知道這只是個電腦程式預先寫好的反應、只是細胞中的膨壓改變，不是因為怪物或含羞草會痛苦，所以這個標準可能不是最好用的。

然而，效益主義就算納入其他動物的感受，仍不見得可以推論出我們應該要保護環境。乍看之下，為了讓北極熊、鯨魚、長頸鹿、烏鴉、鸚鵡、猩猩等動物都能過上好生活，我們似乎就應該保存牠們所在的生態環境，只要你納入夠多種動物，就可以推論出我們應該保護環境。但真的如此嗎？野外的生活環境充滿許多危險，相較之下，如果把所有的動物都抓來動物園，每天餵食營養均衡的三餐，並定時給牠們全身健康檢查，說不定牠們可以過得更好。人類覺得自由很重要，但是有些動物可能覺得只要每天都有食物吃，可以不用被天敵追捕，就是最幸福的生活了，是不是被關在動物園根本不重要。

【案例思考】飼養保育動物

在阿拉伯地區，有些王室貴族喜歡飼養老虎，並互相炫耀，覺得馴養猛獸可以彰顯男子氣概。許多保育組織對此事頗有微詞，但這些王室貴族在自己的國家裡有權有勢，沒有人動得了他們。有位記者訪問一位養老虎的王子，問他怎麼回應有些人指責他不應該飼養從野外捕來的保育動物，他如此回應：「所謂的保育團體把動物丟在荒郊野外自生自滅，根本沒資格來批評我；我把動物養在最好的環境，每天悉心照料，這才是真的愛護動物。」

在二〇〇四年台灣發生了這樣一件新聞：有一位七十多歲的老榮民因為不知違法，養了一隻台灣獼猴，取名叫妞妞。妞妞是老人從剛出生不久就開始飼養，人猴相依作伴了快兩年，直到有一天被人檢舉，政府便派人過來把妞妞帶走。電視上播出畫面，榮民老淚縱橫看著妞妞被送上車帶走，妞妞「看起來」似乎也依依不捨。之後的幾天報紙陸續收到民眾投書，希望政府可以法外開恩，讓妞妞繼續和老人一起生活。

【提問】

你覺得應該讓他們繼續養老虎和養獼猴嗎？怎麼做比較好？為什麼？

■人類有沒有資格破壞環境？

前面的分析都是從人類出發，要不假設人類是萬物之靈、要不追求人類的利益；就算當我們問其他動物會不會痛苦時，也是以人類的角度來定義痛苦。

然而，在思考各種問題時，每一條無法證實的前提都有出錯的機會。所以，科學家如果遇到兩套解釋力一樣好的學說時，通常會選擇所需前提較少的學說，稱為「奧坎剃刀」。在思考倫理問題時，也可試著用類似的概念。

如果不要求支持環保的一方證明「為什麼我們要保護環境」，而是要求那些為了其他目標而破壞環境的人證明「為什麼我們可以破壞環境」，就會發現我們可以質疑「以人為本」的前提，這正是近年來在環境主義中漸漸流行的一派新的觀點：人類只不過是天下萬物的其中之一，我們只不過因為自己是人類，就把人類看得比其他東西更重要，這是一種偏見。佛教說「眾生平等」，張載說「人但物中之一物」、「民吾同胞，物吾與也」都是類似的意思。

這種觀點多了謙遜的美德，不預設人類的重要性高過其他生物，而是認知到世界上有很多種不一樣的東西。人

更換舉證責任

要找尋這些尚未檢驗過的假設前提，方法之一是在思考過程中，把舉證責任換到另一方，要求相反立場的一方先證明他們正確。這種手段也可以用於贏得辯論，不過我們的目標不是辯贏對方，而是判斷出事實或找到大家都願意妥協的立場，所以讓舉證責任換邊之後仍要繼續分析。

類如果有什麼特別與眾不同的地方，讓人類的立場值得額外考量的話，那是人類自己要去證明的事。

不過，在追尋環境倫理的路途上，「不從人類的角度出發」真的會比「從人類的角度出發」更合理嗎？我們的道德直覺中有「公平」，但是這通常只用在人與人之間的公平，如果要說人類有道德義務必須和其他動物、植物、細菌或甚至無生命的物體平起平坐，那似乎不太合理。人類沒有徵得其他生物的同意就破壞環境，但是病菌也沒有徵得人類的同意就感染人類。

在藍綠菌出現以前，大氣中本來充滿二氧化碳，各種生物都適應此環境，然而藍綠菌演化出光合作用，讓大氣中出現了大量的氧氣，那可是嚴重的空氣汙染，毒死了很多不適應氧氣的生物。如果要談資格，藍綠菌沒有資格破壞環境。但是現今地球上這些呼吸氧氣的大多數生物，都是因為藍綠菌的貢獻，才得以存在。

【提問】

❶如果希望減少無法證明的假設前提，那應該要用「以人為本」為預設，還是「眾生平等」？哪一個立場較為合理？

❷人類現在破壞環境，犧牲了許多現存生物的權益，但是上千年之後再回過頭來看，我們很難知道人類的作為對地球上生命演化的影響是好是壞。對於這樣的說法，你有什麼回應？

分析了這麼多種不同的複雜理由，指出其中的許多難解的問題後，最後還有一種很重要、影響很多人的立場要介紹：

■因為我高興

其實在許許多多的社會議題中，不少人其實沒有想那麼多，一切都只是「感覺」的問題而已。環境是相當複雜的議題，而且常牽涉到許多一般人不知道的專業知識。例如台灣的能源政策，大家都不想要停電，但是核能到底安不安全則眾說紛紜，再生能源夠不夠替代也眾說紛紜，中華人民共和國有沒有可能封鎖台灣，讓台灣無法進口燃煤和天然氣來發電，也有各種不同的看法。

普通人不可能有時間去把每一個議題都研究清楚。大多數情況是聽自己信任的朋友、新聞媒體或政治人物怎麼說，然後就憑感覺做決定了。正是因為人們沒時間搞懂所有的事，所以我們選出政治人物幫我們判斷這些問題，我們期待政治人物幫我們把問題整理清楚後，依據當初我們投票表示的價值觀來做決定。然而，也有不少選民連各個政治人物支持什麼立場都不知道，或是政治人物在選舉時和當選後言行不一，因此環境議題的抉擇還是非常困難。

像這樣靠感覺做決定的人，如果沒有多加思考，有時候會做出搬石頭砸自己腳的行為，例如因為塑膠袋感覺很不環保而推行環保袋，卻沒注意到每個環保袋必須使用上百次才能和生產塑膠袋的環境成本打平，而送禮文化和包裝的需求讓每個人家裡都放了數十個環保袋。或是因為想要保護貓狗而立下嚴格的法律禁止吃貓肉狗肉、禁止收容所執行安樂死，造成想吃的人只能私自宰殺、收容所狗滿為患，反而更不人道。

這種「我高興」最明顯的後果就是，當不影響自己時，大家都支持環保，認為應該嚴格禁止宗教放生、禁菸、對工廠要求各種嚴格的環保標準、反對所有自己用不到的開發案；但是當自己也需要付出時，就覺得環保團體是一群走火入魔的瘋子，例如聯合國氣候變遷委員會的報告明確指出：吃素是減緩氣候變遷的重要手段，甚至可能是必要手段，但對於大多數目前吃肉的人，如果你問他願不願意改吃素，他們是不願意的；另外，調漲水、電、油、瓦斯的價格是讓人節約資源的極有效方法，但是大多數人都強烈反對這樣的措施。

【提問】遇到這種靠感覺的人，如果你不同意他的某個立場，你覺得有哪些方法可以跟他溝通呢？

【案例思考】傳統狩獵

日本的大和民族、北歐的維京人，以及加拿大的因努特人都會獵捕鯨魚，台灣原住民則會狩獵長鬃山羊和水鹿。這些傳統歷史悠久，但現代有許多人認為他們不應該繼續獵捕這些稀有動物。

例如有許多反對原住民使用現代獵槍的漢人會說「原住民想要傳統狩獵就要用傳統方法」，然而卻沒有思考同樣的論述也可以反過來變成「漢人想要想要出遠門就應該走路、騎馬或乘轎子」。這是因為他們把自己的生活方式視為理所當然，沒想到要

注意既得利益

在思考有關少數派或弱勢族群的議題時，需注意自己的既得利益，多數派習以為常的事往往並不是普世通用。可以思考，如果立場互換，對方是多數派，自己的族群才是少數派，目前的論述會不會造成不想要的後果。

把漢人想要的生活方式和原住民想要的生活方式視為對等的。

事實上，生物一開始會瀕臨滅絕的主因通常不是傳統文化中的狩獵，而是主流資本主義社會開墾農田、建工廠、為了生活方便而製造了汽車和水泥高樓等等。相較之下，各地原住民的傳統往往已經維持了上千年，雖然不見得是百分之百和當地的自然環境和諧相處，但至少短期內沒有造成生物大規模滅絕的跡象。如果漢人有權利建造四百年前沒有的工廠，為什麼原住民沒有權利改用四百年前沒有的獵槍？

然而許多生物快要滅絕也是不爭的事實，而且捕鯨和打獵的方式和規矩也因為和外界接觸而漸漸改變，用起了汽船、魚叉、手電筒和槍枝，也有些人打獵不是自己吃而是賣給外地人。有些人認為，如果原住民要和主流文化一同生活、享受主流社會的某些好處，那也必須接受主流文化的價值觀，包括不一樣的環保及動物權觀念。

這些關於傳統狩獵的爭論常常非常激烈。有些日本人認為捕鯨是日本的傳統文化，所以反對捕鯨就是仇日。國際上有不少反捕鯨的人認為鯨豚類的智商很高，捕鯨和殺人沒兩樣，常常不遠千里到捕鯨的現場去抗議示威。

二〇二〇年布農族獵人 Talum Suqluman（王光祿）因為違法持有非自製的獵槍獵捕保育類的台灣長鬃山羊和山羌被起訴，此案一路上訴到大法官釋憲。大法官支持立法院訂定的《槍砲彈藥刀械管制條例》和《野生動物保育法》兩條法律，認為僅限使用殺傷力很低的自製獵槍並且要求原住民獵捕動物事前申請核准都是合理的，只不過與這兩條法律相對應的行政命令太過死板，應適度放寬。

支持原住民權利的一方大多對釋憲結果感到失望。文化本來就會與時俱進，原住民以前用弓箭和陷阱，後來與漢人或日本人交易取得老式獵槍，現代要換更安全的新式獵槍也是他們的權利，而且每天上山會打到什麼獵物根本不是可以預先知道的，自然也就無法事先申請核准。另外，也有些人認為原住民在台灣這塊土地上打獵已有上千年的歷史，才來不到一百年的中華民國政府根本沒有權力管轄，十五位漢人大法官也無權置喙。

反對狩獵的一方則認為，雖然原住民的傳統文化中有許多禁忌和制度來確保永續發展，但是在和漢人接觸後，已漸漸被侵蝕，許多年輕獵人沒有機會學到傳統狩獵的規矩，拿槍上山就開始亂打。此外，在目前中華民國法律的架構下，原住民社群也沒有權力去處罰違反禁忌的獵人，因此這些傳統制度的約束力有限。如果貿然開放原住民狩獵，可能造成濫捕。另外也有些反對狩獵的漢人說，不只應該禁止非自製的獵槍，原住民拿槍在山上四處亂射根本就是在製造危險，應該全面禁止所有的獵槍，原住民要打獵就該用四百年前的弓箭和陷阱，甚至應該全面禁獵，要吃肉就去菜市場買。

照釋憲的結果，Talum Suqluman 仍屬有罪，需要坐牢。蔡英文總統透過特赦免除其刑，但是未來如果有其他原住民用一樣的方式打獵，在法律上仍然有罪，到時候的總統是否仍會同意特赦就不得而知。

【提問】

你認為目前對狩獵的限制合理嗎？如果你認為法律不合理，或總統不應該特赦，你會怎麼說服不同意見的人？參考〈人類應該保存多元文化嗎？〉裡的討論，你認為日本的捕鯨和台灣原住民的狩獵應該受到特別對待嗎？

■結語

支持環保的人橫跨政治光譜的各個角落，但人們支持環保的核心緣由不見得一樣。有的人認為這是人類的義務，有人著重在永續發展，有人認為環保的目標是保障弱勢族群，有人認為所有的生物都有存在的價值，有人不希望看到動物受苦，有人認為人類應該保持謙遜不應該擅自替其他生物做決定，也有許多人根本沒想那麼多，只是靠感覺認定支持環保是對的。

由於出發點的不同，加上對相關資訊掌握程度的不同，同樣支持環保的人可能對相同的議題得出不同的結論。在現今的許多討論環境中，我們很容易產生非此即彼的對立想法，誤以為對方是不支持環保、支持虐待動物的邪惡壞蛋。

以環境議題為政見核心的綠黨從一九九六年成立至今，從來沒有得過超過五%的票。即便是支持小黨的選票，仍更傾向投給主打其他議題的新黨、親民黨、台灣團結聯盟、時代力量、台灣基進、民眾黨等等。這難道是說大多數人是不支持環保的壞蛋嗎？當然不是。

在環境議題上跟不同意見的人溝通時，應謹記：環保是少數有跨黨派支持的議題，沒有人希望我們的空氣、河流和海岸被汙染。只要相互尊重理解，就能找出多數人同意的方案。

ISSUE ㊶

人生好難：現代公民九個麻煩的哲學問題

主　　編—朱家安
作　　者—沃草烙哲學作者群
朱家安、劉維人、朱宥勳、林斯諺
周詠盛、陳紫吟、蔡雅婷、葉多涵
插　　畫—蠢羊
資深編輯—張擎
責任企畫—郭靜羽
封面設計—吳郁嫻
內文排版—江宜蔚
人文線主編—王育涵
總 編 輯—胡金倫
董 事 長—趙政岷
出 版 者—時報文化出版企業股份有限公司
108019 臺北市和平西路三段240號7樓
發行專線—（02）2306-6842
讀者服務專線—0800-231-705、（02）2304-7103
讀者服務傳真—（02）2302-7844
郵撥—19344724 時報文化出版公司
信箱—10899 臺北華江橋郵政第99 信箱
時報悅讀網—www.readingtimes.com.tw
人文科學線臉書—www.facebook.com/jinbunkagaku
法律顧問—理律法律事務所 陳長文律師、李念祖律師
印　　刷—勁達印刷有限公司
初版一刷—2022年9月2日
定　　價—新台幣350元

時報文化出版公司成立於一九七五年，
並於一九九九年股票上櫃公開發行，於二〇〇八年脫離中時集團非屬旺中，以「尊重智慧與創意的文化事業」為信念。

人生好難：現代公民九個麻煩的哲學問題 / 沃草烙哲學作者群著；朱家安主編. -- 初版. -- 臺北市：時報文化出版企業股份有限公司, 2022.09

面；　公分. -- 公分. -- (Issue ; 41)

ISBN 978-626-335-714-3(平裝)

1.CST: 社會哲學 2.CST: 公民社會 3.CST: 文集

540.207　　111010895

ISBN 978-626-335-714-3
Printed in Taiwan